22 Charming Patterns for *Kids*

かわいいかたちの子ども服

portu 栗原あや

Go to the forest

Butterflies dance

Take a deep breath

はじめに

子ども服を作るとき、いつもそれを着てくれる子どもの笑顔を想像します。
毎日着る服だから、服選びの時間も、それを着た瞬間も
わくわく楽しいものであってほしい、そう願って服作りをしています。

服の形を考えることが大好きで、これまでいろんな形の子ども服を作ってきました。
この本では、その中から選び作りやすいようにアレンジしたもの、
また、この本のために新しく作ったデザインをいくつかご紹介しています。

ひとつのパターンでも、丈を変えたり、素材やディテールを少し変えれば、
まったく違った印象の服ができ上がります。
お子さまと一緒に大好きな生地やボタンを選んで、
自由に服作りを楽しんでもらえたらいいなぁ、と思っています。
日々のお子さまの成長とともに、でき上がった服だけでなく作る過程そのものが
思い出になりますように。みんなが笑顔になるような、
大好きなお洋服をこの本で見つけてもらえたらうれしいです。

portu　栗原あや

Contents

ベビーサルエルパンツ
How to → page. 51

page. 12

スカラップワンピース
How to → page. 65

page. 20

ブルマサロペット
How to → page. 53

page. 13

三角セーラートップス
三角セーラーワンピース
How to → page. 68

page. 19, 22

page. 25

ギャザーロンパース
How to → page. 56

page. 15

フレアギャザースカート
How to → page. 71

page. 23

コート
How to → page. 59

レインコート page. 16
スプリングコート page. 17

フードプルオーバー
How to → page. 73

page. 24

サロペットパンツ
How to → page. 62

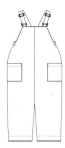

リネンサロペット
page. 18, 21
コットンサロペット
page. 19

ケープカラートップス
How to → page. 76

page. 28

G、H、I はベビーサイズ（80、90cm）のみ、
それ以外はキッズサイズ（100、110、120、130、140cm）です。

Basic technique ソーイングの基礎 → page. 31

作りはじめる前に → page. 33

Basic technique → page. 78

後ろの斜めの合せがポイントのシンプルなシャツ。タックパンツを
合わせてすっきりとかっこいい着こなしに。

B　タックフレアブラウス（ロングスリーブ）　　→ page. 37

C　タックパンツ（ショート）　　→ page. 41

大きなタックとたっぷりのフレアがついたブラウス。やわらかい素
材で作りましょう。大きな丸い衿もかわいさのポイントです。

D **ギャザーワンピース（フレンチスリーブ）** page. 43

並んだくるみボタンがかわいいフレンチスリーブのワンピース。
きれいな色のリネンで仕立てました。思わずくるくる回りたくなる
ワンピースです。

E

B

P.07のブラウスと身頃は同じパターンで作っています。タックの
方向を変えれば違った印象に。小花柄と肩のフリルで愛らしさいっ
ぱいです。

F ティアードワンピース   page. 48

ボリュームたっぷりの3段のスカートを合わせたティアードワンピース。薄手のデニムで作れば、ギャザーもきれいに入ります。

ワンピースの丈を変えてトップスに仕立てました。真っ赤なリネンとショートパンツで元気いっぱいのコーディネートに。

G　ベビーサルエルパンツ　　　　　　　　→ page. 51

よちよち歩きにぴったりな、小さなポケットのついたサルエルパン
ツ。デニムはやわらかなものを使いましょう。リネンなどで作って
も。

H

H ブルマサロペット　　　　　　　　　→ page. **53**

丸いシルエットが小さな子どものかわいさを引き立てるブルマ仕立てのサロペット。冬は厚手の素材にタイツを合わせてもかわいいです。

D ギャザーワンピース（ロングスリーブ）   → page. 43

P.08のワンピースに袖をつけました。ボリュームのある袖も、ギャザーは袖口だけなのですっきりと品のある印象です。見返しだけ生地を替えてアクセントに。

/ ギャザーロンパース  page. 56

胸もとにギャザーを寄せた小さな衿のロンパース。一枚で着ても、
中にTシャツを合わせてもかわいいです。

J

J レインコート　　　　　　　　　　　　→ page. 59

防水素材を使って作ったレインコート。ボタンはプラスチックスナップで仕立てます。シックな色味の生地を選んで大人っぽい雰囲気に。

J スプリングコート   page. 59
左ページのレインコートをリネンやコットンで作れば春先や秋口に
重宝する一重コートに。明るいカラーで作るのもおすすめです。

脇に平ゴムを入れてシルエットに丸みを持たせたサロペットパンツ。
たくさん動き回れるようにしっかりとした素材を選びましょう。

M 三角セーラートップス　　　　　　➤ page. 68
K コットンサロペットパンツ　　　　　➤ page. 62

三角衿の後ろ姿がポイントのプルオーバー。リネンテープをアクセ
ントにしました。ゆとりあるらくちんな着心地のトップスです。

L スカラップワンピース → page. 65

前身頃に大きなスカラップが入ったワンピース。小さな衿にタイト
なシルエットが上品だけれど、個性的な一着です。

A オープンカラーシャツ（ロングスリーブ）　　→ page. **34**

K リネンサロペットパンツ　　→ page. **62**

P.06のシャツを長袖にして、カフスをつけました。サロペットパン
ツの上からはおってカジュアルに。

N

M 三角セーラートップス → page. 68
N フレアギャザースカート → page. 71

P.19の三角衿のトップスにバイカラーのスカートを合わせて。たっぷりのフレアにひざ丈で上品な印象のスカートです。色の組合せを楽しんで。

メキシカンパーカー風のフードプルオーバー。胸もとをあけてTシャツの上からばさっと着ても。スカートにも似合います。

M 三角セーラーワンピース → page. 68

同じ型のトップス丈をのばしてワンピースに。前あきに持出しをつけるのでインナーが見えません。持出しのカラーを変えてポイントにしましょう。

E　コクーンパンツ　　　　　　　　　　➡ page. 46

切替えを入れて裾に向かって丸みを持たせた半端丈のパンツ。
デニムで作ってもかわいいです。

C　タックパンツ（ショート）　　　　　　➡ page. 41

タックの位置に変化を持たせたシンプルな形のショートパンツ。
毎日のお着替えに大活躍します。

C タックパンツ（ロング）

→ page. 41

ショートパンツの丈をのばした、ゆったりとしたストレートパンツ。
平ゴムは後ろだけ通してすっきりと。

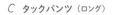

P　ケープカラートップス　　　　→ page. 76
E　コクーンパンツ　　　　　　　→ page. 46

ケープを肩にかけたような衿のトップス。衿に動きが出るように、
薄手のやわらかな布で作ります。

○ 共布ボタンループの作り方（糸で返す方法）

1 2cm幅にバイアスで切った共布を中表に半分に折り、折り山から0.4cmを縫って、縫い代を0.2cmほどに切りそろえる。

2 ループの口をとじないように端に縫い糸を縫いつける。針は太番手とじ針が使いやすい。

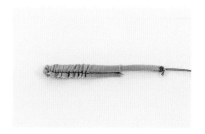

3 針の頭側から布の穴に通し、糸を引きながら表に返す。

○ 平ゴムを部分的に通す方法

1 平ゴムを通す長さに印をつけ、片側の印にまち針をつけておく。

2 平ゴム通し口からまち針が止まるところまで平ゴムを通す。

3 位置がずれないように別のまち針で固定し、通し口をステッチで押さえる。

4 反対側の平ゴム通し口から平ゴムを出し、通し口をステッチで押さえる。

5 はみ出た平ゴムを中に入れる。

6 パンツのウエストに、部分的に平ゴムが通った。

● 便利な道具

アイロン接着テープ

セーラー衿のリネンテープは、アイロン接着テープで仮どめすると縫いやすい。この本では0.5cm幅のものを使用。

プラスチックスナップ・ボタンつけ機

パチンととめるプラスチックスナップ。手でつけるタイプも市販されているが、専用のボタンつけ機があるものが丈夫に仕上がる。

○ セーラー衿の前あきの作り方

1 前身頃に共布ボタンループを縫いつけておく。見返し持出しはジグザグミシンをかけ、前あきの印をつける。

2 まち針でとめ、前あきを縫う。

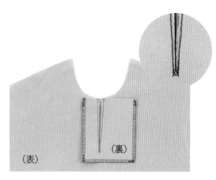

3 前あきに切込みを入れる。角はY字に切るときれいに仕上がる。

4 見返し持出しを裏に返し、アイロンで押さえる。

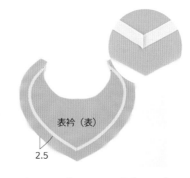

5 リネンテープにアイロン接着テープをはり、アイロンで表衿に仮どめする。衿先はリボンをカーブにそわせて折る。リボンの両端にステッチをかける。

6 表衿と裏衿を中表に合わせ、衿の外回りを縫い合わせて縫い代を0.5cmにカットし表に返す。

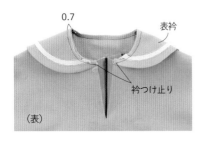

7 前身頃と後ろ身頃を中表に合わせ、肩を縫い合わせてジグザグミシンをかけ、後ろ側に倒す。表に返して衿を仮どめする。

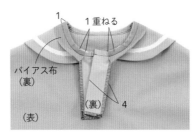

8 見返し持出しを表に出して中表に折り、三つ折りに折り目をつけた衿ぐり用バイアス布を中表に縫いつける（P.69.6 参照）。

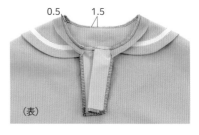

9 衿ぐりの縫い代を0.5cmにカットし、1.5cm幅で切込みを入れる。

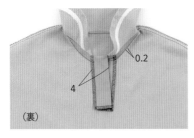

10 見返し持出しを裏に返して形を整え、アイロンで押さえる。衿ぐりバイアス布を折り込んでステッチをかける。

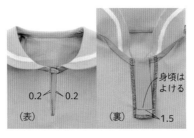

11 表に返し、あきの左右それぞれにステッチをかける。裏に返し、見返し持出しの端を合わせ身頃をよけてステッチ。

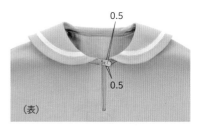

12 表に返し、ボタンをつける。

作りはじめる前に

○ 基本の縫い方について

服作りをするときに知っておきたい基本の縫い方やテクニックを、P.78に掲載しました。参考に製作をしてください。

○ サイズについて

この本の作品はベビーの服のサイズ80、90cmの2サイズとキッズの服のサイズ100、110、120、130、140cmまでの5サイズが作れます。下記の参考寸法表と各作品の出来上り寸法表から、お子さんのサイズに合うものを選んでください。また、ブラウスやパンツ、ワンピースなどの着丈はお子さんによって異なりますので、調整して作ってください。

○ 裁合せと材料について

・布の裁合せはサイズの違いによって配置が異なる場合があります。まずすべてのパターンを布に収まるように配置してから、裁断してください。
・直線で引ける簡単なパターンは、実物大パターンには入れていません。その場合は裁合せ図に書いてある寸法で、布に直線を引いて裁断してください。
・ゴムテープの長さはおおよその長さを表記しています。試着しながら必要な寸法を決めてください。
・共布のバイアス布の長さは140cmサイズ用で少し長めに表記しています。必要な部分を縫いながら余分は切って使ってください。

― 参考寸法（ヌード寸法 / cm）―

サイズ	80	90	100	110	120	130	140
胸 囲	49	51	53	57	61	65	69
胴 囲	47	49	50	52	54	56	58
腰 囲	51	53	56	60	64	68	72

―モデルのサイズ―

着用サイズ 80cm
身長 78cm

着用サイズ 100cm
身長 100cm

着用サイズ 120cm
身長 116cm

着用サイズ 120cm
身長 120cm

着用サイズ 120cm
身長 120cm

A オープンカラーシャツ

photo / ショートスリーブ → page. 06　ロングスリーブ → page. 21　実物大パターンA面

● 材料
※左から100/110/120/130/140cm。指定以外は共通
布：生地の森　40コットンタイプライター ナチュラルワッシャー/サンドベージュ
ショートスリーブ…140cm幅100/100/100/110/110cm
ロングスリーブ…148cm幅110/110/110/120/120cm
接着芯（薄手）…90cm幅60cm
直径1.1cmのボタン
ショートスリーブ…4個
ロングスリーブ…6個

● 出来上り寸法　※単位はcm

サイズ	100	110	120	130	140
胸囲	74	78	82	86	90
着丈	39	42	45	48	51

● 作り方順序（ショートスリーブ）
1　ポケットを作り、つける
2　後ろ身頃を縫い合わせる
3　後ろ身頃とヨークを縫い合わせる
4　肩を縫う　→P.77・1参照
5　衿を作る　→P.77・3③④参照
6　衿をつける
7　袖をつける　→P.75・7参照
8　袖下～脇を縫う　→P.45・5参照
9　袖口を三つ折りにして縫う
10　裾を三つ折りにして縫う
11　右前身頃のボタンつけ位置にボタンをつけ、左前身頃に
　　ボタンホールをあける　→P.79参照

● 裁合せ図
※上から100/110/120/130/140cm
・指定以外の縫い代は1cm
・□□ 前身頃の見返し部分、表衿、
　（ロングスリーブのみ）カフスの裏側に接着芯をはる
・〜〜 後ろ身頃の後ろ中心側、前身頃の見返し部分（肩、端）、
　ポケットの3辺にジグザグミシンをかける

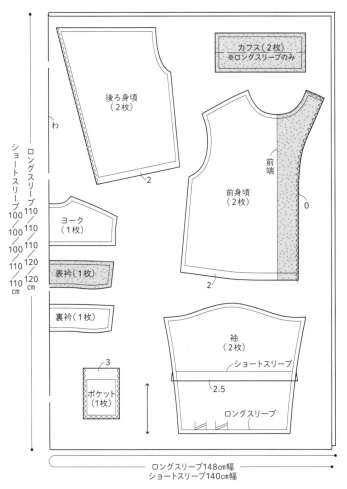

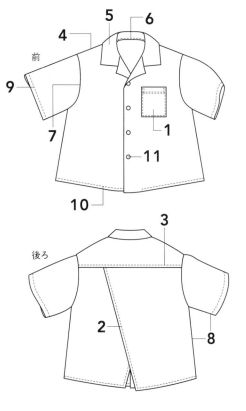

1 ポケットを作り、つける

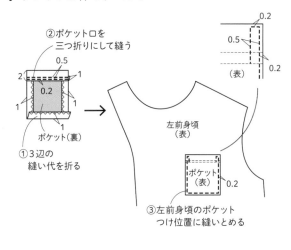

②ポケット口を
三つ折りにして縫う

0.5
2　　　1
0.2
1　　　1
ポケット(裏)
①3辺の
縫い代を折る

0.2
0.5
0.2
(表)

左前身頃
(表)

ポケット
(表)
0.2

③左前身頃のポケット
つけ位置に縫いとめる

2 後ろ身頃を縫い合わせる

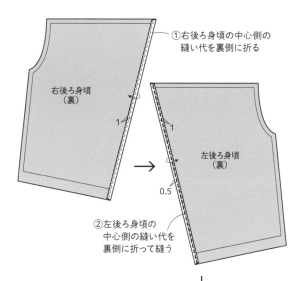

①右後ろ身頃の中心側の
縫い代を裏側に折る

右後ろ身頃
(裏)

1

左後ろ身頃
(裏)

1

0.5

②左後ろ身頃の
中心側の縫い代を
裏側に折って縫う

3 後ろ身頃とヨークを縫い合わせる

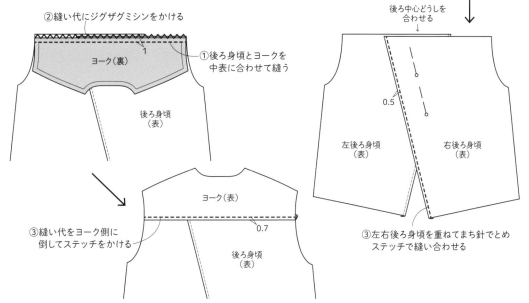

②縫い代にジグザグミシンをかける

ヨーク(裏)
1

①後ろ身頃とヨークを
中表に合わせて縫う

後ろ身頃
(表)

③縫い代をヨーク側に
倒してステッチをかける

ヨーク(表)
0.7
後ろ身頃
(表)

後ろ中心どうしを
合わせる

0.5

左後ろ身頃
(表)

右後ろ身頃
(表)

③左右後ろ身頃を重ねてまち針でとめ
ステッチで縫い合わせる

6 衿をつける

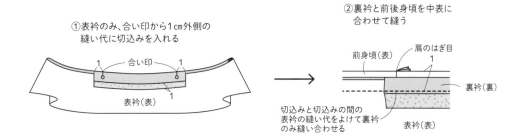

①表衿のみ、合い印から1cm外側の
縫い代に切込みを入れる

合い印
1　　　　1
1
表衿(表)

②裏衿と前後身頃を中表に
合わせて縫う

前身頃(表)
肩のはぎ目
1
裏衿(裏)

切込みと切込みの間の
表衿の縫い代をよけて裏衿
のみ縫い合わせる

表衿(表)

→次ページに続く

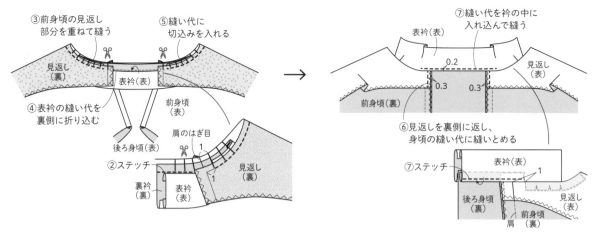

③前身頃の見返し部分を重ねて縫う

⑤縫い代に切込みを入れる

見返し（裏）

表衿（表）

④表衿の縫い代を裏側に折り込む

前身頃（表）

肩のはぎ目

後ろ身頃（表）

②ステッチ

裏衿（裏）

表衿（表）

見返し（裏）

→

⑦縫い代を衿の中に入れ込んで縫う

表衿（表）

0.2

0.3　0.3

前身頃（裏）

見返し（表）

⑥見返しを裏側に返し、身頃の縫い代に縫いとめる

⑦ステッチ

表衿（表）

後ろ身頃（裏）

見返し（表）

前身頃（裏）

肩（裏）

9 袖口を三つ折りにして縫う

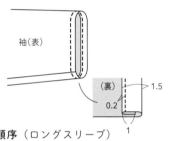

袖（表）

（裏）

0.2

1.5

1

10 裾を三つ折りにして縫う

①見返し部分の裾を中縫いし、余分をカットして裏側に返す
→P.66・6③〜⑤参照

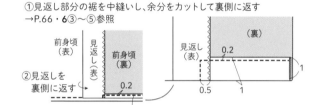

前身頃（表）

見返し（表）

前身頃（裏）

②見返しを裏側に返す

0.2

見返し（表）

0.2

0.5　1　1

③三つ折りにして縫う

● 作り方順序（ロングスリーブ）

1　ポケットを作り、つける
　　→P.35・**1**参照
2　後ろ身頃を縫い合わせる
　　→P.35・**2**参照
3　後ろ身頃とヨークを縫い合わせる
　　→P.35・**3**参照
4　肩を縫う　→P.77・**1**参照
5　衿を作る　→P.77・**3**③④参照
6　衿をつける　→P.35・**6**参照
7　袖口のタックをたたむ
8　袖を作る　→P.40・**6**参照
9　身頃の脇を縫う　→P.77・**5**参照
10　袖をつける　→P.40・**7**参照
11　裾を三つ折りにして縫う
　　→上記**10**参照
12　カフスのボタンつけ位置にボタンを
　　つけ、ボタンホールをあける
13　右前身頃のボタンつけ位置にボタン
　　をつけ、左前身頃にボタンホールを
　　あける　→P.79参照

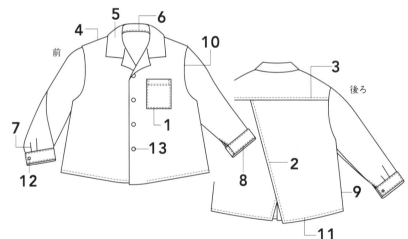

前

4　5　6　10

7

12

1

13

3

後ろ

8　2　9　11

7 袖口のタックをたたむ

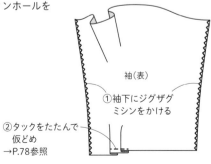

袖（表）

①袖下にジグザグミシンをかける

②タックをたたんで仮どめ
→P.78参照

12 カフスのボタンつけ位置にボタンをつけ、ボタンホールをあける　→P.79参照

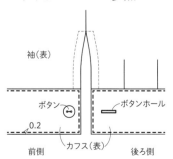

袖（表）

ボタン

ボタンホール

0.2

前側　カフス（表）　後ろ側

B

タックフレアブラウス

photo / ノースリーブ → page. 09　ロングスリーブ → page. 07　実物大パターンA面

● 材料

※左から100/110/120/130/140cm。指定以外は共通

布：

ノースリーブ

　コットンローン…110cm幅120/130/130/140/150cm

ロングスリーブ

　生地の森　コットンリネンスラブローン/キナリ…110cm幅

　150/160/170/190/200cm

接着芯（薄手）…90cm幅60cm

直径1.3cmのボタン…5個

（ノースリーブのみ）幅0.7cmの平ゴム…16cm

（ロングスリーブのみ）直径0.8cmのスナップ…2組み

● 出来上り寸法　※単位はcm

サイズ	100	110	120	130	140
胸囲	81	85	89	93	97
着丈	38	41	44	47	51

● 裁合せ図

※上から100/110/120/130/140cm。
　指定以外は共通

・指定以外の縫い代は1cm

・▨▨▨ 後ろ身頃の見返し部分、
　（ロングスリーブのみ）表衿、カフスの
　裏側に接着芯をはる

・〰〰 後ろ身頃の見返し部分、
　（ロングスリーブのみ）袖の袖下に
　ジグザグミシンをかける

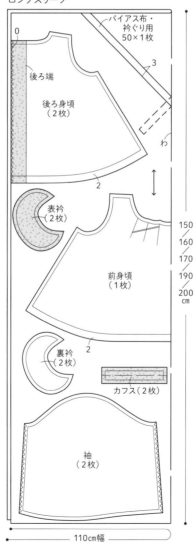

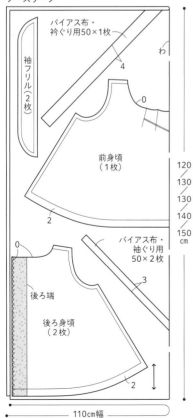

● 作り方順序（ノースリーブ）

1 前身頃のタックをたたむ
2 肩を縫う　→P.77・1参照
3 衿ぐりをバイアス布で始末する
4 袖フリルを作り、仮どめする
5 脇を縫う　→P.77・5参照
6 袖口をバイアス布で始末する
7 裾を三つ折りにして縫う
　　→P.66・6③〜⑤、→P.67・9参照
8 左後ろ身頃のボタンつけ位置にボタン
　　をつけ、右後ろ身頃にボタンホールを
　　あける　→P.79参照

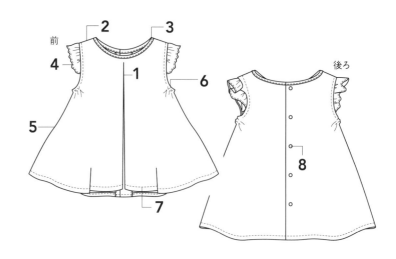

1 前身頃のタックをたたむ

3 衿ぐりをバイアス布で始末する
　→P.79「バイアス布のつけ方 b」参照

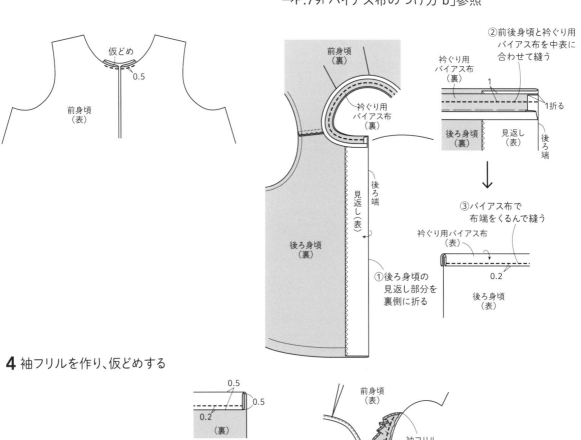

仮どめ

0.5

前身頃（表）

前身頃（裏）

衿ぐり用バイアス布（裏）

衿ぐり用バイアス布（裏）

後ろ端

見返し（表）

後ろ身頃（裏）

①後ろ身頃の見返し部分を裏側に折る

②前後身頃と衿ぐり用バイアス布を中表に合わせて縫う

衿ぐり用バイアス布（裏）

1

1折る

後ろ身頃（裏）

見返し（表）

後ろ端

③バイアス布で布端をくるんで縫う

衿ぐり用バイアス布（表）

0.2

後ろ身頃（表）

4 袖フリルを作り、仮どめする

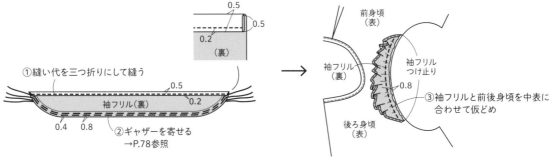

0.5

0.5

0.2

（裏）

①縫い代を三つ折りにして縫う

0.5

袖フリル（裏）

0.2

0.4　0.8

②ギャザーを寄せる
　→P.78参照

前身頃（表）

袖フリル（裏）

袖フリルつけ止り

0.8

③袖フリルと前後身頃を中表に合わせて仮どめ

後ろ身頃（表）

6 袖口をバイアス布で始末する
→P.79「バイアス布のつけ方a」参照

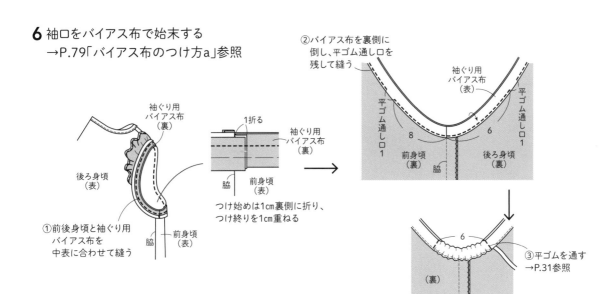

袖ぐり用バイアス布（裏）

後ろ身頃（表）

①前後身頃と袖ぐり用バイアス布を中表に合わせて縫う

脇
前身頃（表）

1折る
袖ぐり用バイアス布（裏）

脇　前身頃（表）

つけ始めは1cm裏側に折り、つけ終りを1cm重ねる

②バイアス布を裏側に倒し、平ゴム通し口を残して縫う

袖ぐり用バイアス布（表）

平ゴム通し口1　　平ゴム通し口1

8　　6

前身頃（裏）　脇　後ろ身頃（裏）

6

③平ゴムを通す
→P.31参照

（裏）

● **作り方順序**（ロングスリーブ）
1　前身頃のタックをたたむ
2　肩を縫う　→P.77・1参照
3　衿を作る
4　衿をつける
5　脇を縫う　→P.77・5参照
6　袖を作る
7　袖をつける
8　裾を三つ折りにして縫う
　　→P.66・6③〜⑤、→P.67・9参照
9　左後ろ身頃のボタンつけ位置にボタンをつけ、右後ろ身頃にボタンホールをあける　→P.79参照
10　カフスのボタンつけ位置にスナップをつける

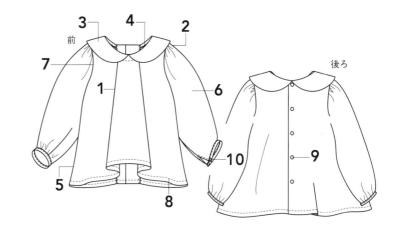

前

後ろ

1 前身頃のタックをたたむ

仮どめ
0.5
前身頃（表）

3 衿を作る

①表衿と裏衿を中表に合わせて縫う
②縫い代を0.5cm残してカット
③カーブ部分に切込みを入れる
0.5
表衿（裏）　裏衿（表）
1
④表に返す

4 衿をつける

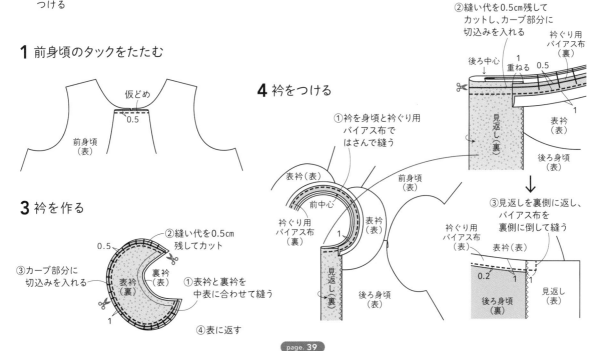

①衿を身頃と衿ぐり用バイアス布ではさんで縫う

表衿（表）
前中心
衿ぐり用バイアス布（裏）
表衿（表）
前身頃（表）
1
見返し（裏）
後ろ身頃（裏）

②縫い代を0.5cm残してカットし、カーブ部分に切込みを入れる

後ろ中心
1重ねる
衿ぐり用バイアス布（裏）
0.5
表衿（表）
1
後ろ身頃（表）

③見返しを裏側に返し、バイアス布を裏側に倒して縫う

衿ぐり用バイアス布（表）
表衿（表）
0.2
見返し（表）
1
後ろ身頃（裏）

6 袖を作る

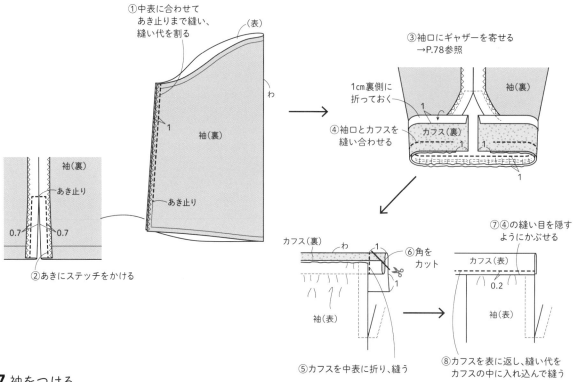

①中表に合わせて
あき止りまで縫い、
縫い代を割る

（表）

わ

1

袖（裏）

あき止り

袖（裏）
あき止り

0.7　0.7

②あきにステッチをかける

③袖口にギャザーを寄せる
→P.78参照

袖（裏）

1cm裏側に
折っておく

1

④袖口とカフスを
縫い合わせる

カフス（裏）

1

1

カフス（裏）　わ　1

⑥角を
カット

袖（表）

⑤カフスを中表に折り、縫う

⑦④の縫い目を隠す
ようにかぶせる

カフス（表）

0.2

袖（表）

⑧カフスを表に返し、縫い代を
カフスの中に入れ込んで縫う

7 袖をつける

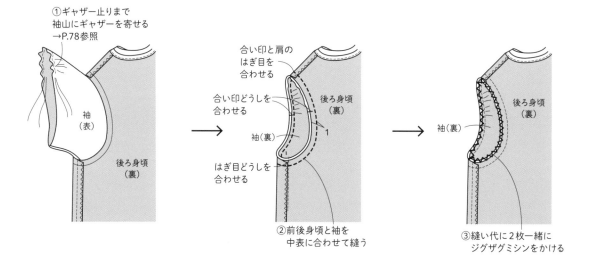

①ギャザー止りまで
袖山にギャザーを寄せる
→P.78参照

袖
（表）

後ろ身頃
（裏）

合い印と肩の
はぎ目を
合わせる

合い印どうしを
合わせる

後ろ身頃
（裏）

袖（裏）

1

はぎ目どうしを
合わせる

②前後身頃と袖を
中表に合わせて縫う

袖（裏）

後ろ身頃
（裏）

③縫い代に2枚一緒に
ジグザグミシンをかける

10 カフスのボタンつけ位置に
スナップをつける
→P.79参照

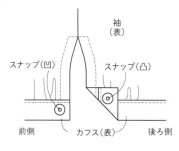

袖
（表）

スナップ（凹）

スナップ（凸）

前側

カフス（表）

後ろ側

タックパンツ

photo / ロング → page. 06, 24, 27　ショート → page. 07, 11, 26　実物大パターンA面

● 材料
※左から100/110/120/130/140cm。指定以外は共通
布:
ロング
　生地の森　綿麻ダンプダメージダイド/カーキ
　…140cm幅110/120/120/130/140cm
ショート
　綿麻…140cm幅80/80/90/100/100cm
接着芯（薄手）…90cm幅40cm
幅2.5cmの平ゴム…24/25/26/27/28cm

● 出来上り寸法　　※単位はcm

サイズ	100	110	120	130	140
胴囲	65	69	73	77	81
パンツ丈 ロング	57	63.5	70	76.5	83
パンツ丈 ショート	29	31	33	35	37

● 裁合せ図
※上から100/110/120/130/140cm
・指定以外の縫い代は1cm
・▨ 前ベルトの裏側に接着芯をはる

ロング

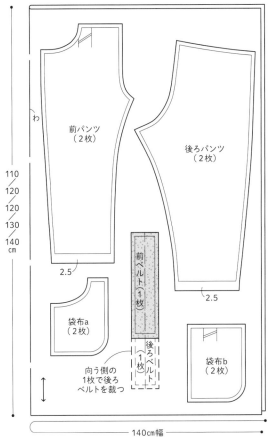

ショート

● 作り方順序（ロング、ショート共通）
1　ポケットをつける
2　タックをたたむ
3　股上を縫う　→P.47・**3**参照
4　脇を縫う
5　股下を縫う　→P.47・**4**参照
6　ベルトを作る
7　ベルトをつける　→P.47・**5**③〜⑥参照
8　後ろベルトに平ゴムを通す
9　裾を三つ折りにして縫う　→P.47・**7**参照

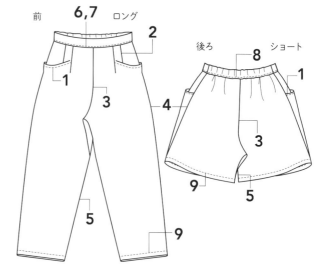

前　**6,7**　ロング
2
1
3
5
9

後ろ　**8**　ショート
1
4
3
9
5

1 ポケットをつける

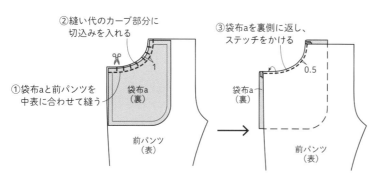

②縫い代のカーブ部分に切込みを入れる

①袋布aと前パンツを中表に合わせて縫う
袋布a（裏）
前パンツ（表）

③袋布aを裏側に返し、ステッチをかける
袋布a（裏）
0.5
前パンツ（表）

④袋布aと袋布bを中表に合わせて前パンツを避けて縫う
ポケット合い印
タック合い印
⑤縫い代に2枚一緒にジグザグミシンをかける
袋布b（裏）
前パンツ（裏）
袋布a（裏）

2 タックをたたむ　→P.78参照

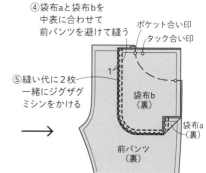

袋布b（表）
袋布a（裏）
②仮どめ
①袋布bと前パンツのタックをたたむ
前パンツ（表）

袋布b（表）
0.5
③袋布bと前パンツの布端を合わせて仮どめ
前パンツ（表）

4 脇を縫う

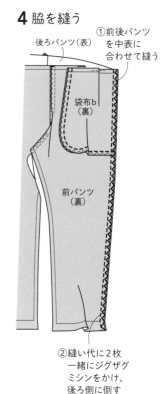

①前後パンツを中表に合わせて縫う
後ろパンツ（表）
袋布b（裏）
前パンツ（裏）
②縫い代に2枚一緒にジグザグミシンをかけ、後ろ側に倒す

6 ベルトを作る

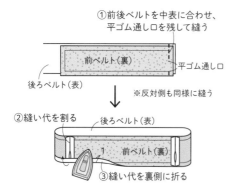

①前後ベルトを中表に合わせ、平ゴム通し口を残して縫う
前ベルト（裏）
平ゴム通し口
後ろベルト（表）
※反対側も同様に縫う

②縫い代を割る
後ろベルト（表）
前ベルト（裏）
③縫い代を裏側に折る

8 後ろベルトに平ゴムを通す
→P.31参照

※左から100/110/120/130/140㎝

22/23/24/25/26
前ベルト（表）
3
前パンツ（表）

ギャザーワンピース

photo / フレンチスリーブ → page. 08　ロングスリーブ → page. 14　実物大パターンB面

● 材料

※左から100/110/120/130/140㎝。指定以外は共通

布：フレンチスリーブ

　APUHOUSE FABRIC　洗いをかけた40/1番手 平織 フレン
　チリネン オーバーダイドウォッシュ/アッシュブルー
　…110㎝幅160/180/190/210/※230㎝

ロングスリーブ

　綿麻（チェック柄）…110㎝幅180/190/200/210/※230㎝

　綿麻（無地）…110㎝幅50㎝

※140㎝サイズは120㎝幅以上の生地を使用する。

接着芯（薄手）…90㎝幅60㎝

（フレンチスリーブのみ）直径1.3㎝のくるみボタン…7個

（ロングスリーブのみ）直径1.3㎝のボタン…7個

（ロングスリーブのみ）幅0.7㎝の平ゴム…19/20/21/22/
23㎝を2本

● 出来上り寸法　※単位は㎝

サイズ	100	110	120	130	140
胸囲	72	76	80	84	88
着丈	55	61	67	73	81

● 裁合せ図

※上または左から100/110/120/130/140㎝。指定以外は共通

・指定以外の縫い代は1㎝

・フレンチスリーブは右前身頃、右前見返し、右前スカートの前端を左前端より
　1㎝内側に線を引き、そこから1㎝の縫い代をつける

・〰〰 前見返し、後ろ見返し、スカート見返しの裏側に接着芯をはる

・▨▨ スカート見返しにジグザグミシンをかける

フレンチスリーブ
※余った部分でくるみボタンを作る

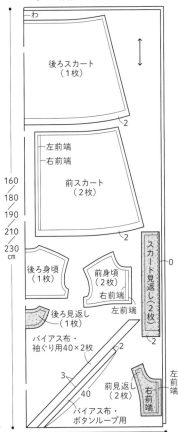

ロングスリーブ
（無地）

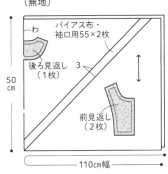

ロングスリーブ
（チェック）

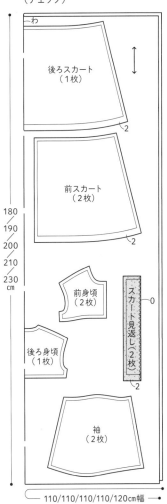

● **作り方順序**（フレンチスリーブ）

1　ループを作り、仮どめする
2　身頃の肩を縫う　→P.77・1参照
3　見返しを縫い合わせる
4　身頃に見返しをつける
5　袖ぐりをバイアス布で始末する
　　→P.57・7参照
6　脇を縫う　→P.77・5参照
7　スカートを作る
8　身頃とスカートを縫い合わせる
9　裾を三つ折りにして縫う
　　→P.66・6③〜⑤、P.67・9参照
10　左前身頃とスカートのボタンつけ位
　　置にボタンをつける

1 ループを作り、仮どめする

①ループを作る　→P.31参照

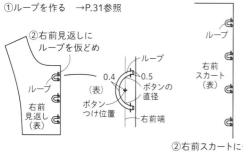

②右前見返しに
　ループを仮どめ

ループ

右前
見返し
（表）

0.4（表）　0.5
ループ
ボタンの
直径
ボタン
つけ位置
右前端

右前
スカート
（表）

ループ

②右前スカートにも
　同様に仮どめする

3 見返しを縫い合わせる

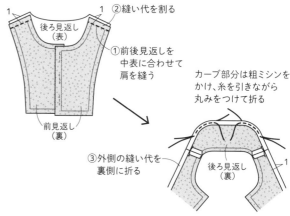

後ろ見返し
（表）
1　　1
②縫い代を割る
①前後見返しを
　中表に合わせて
　肩を縫う
前見返し
（裏）

カーブ部分は粗ミシンを
かけ、糸を引きながら
丸みをつけて折る

③外側の縫い代を
　裏側に折る

後ろ見返し
（裏）
1

4 身頃に見返しをつける

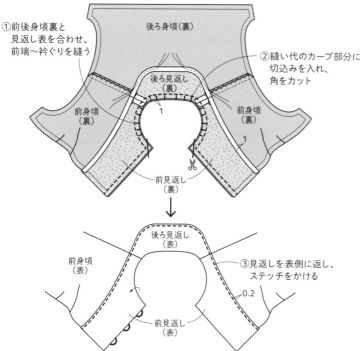

①前後身頃裏と
　見返し表を合わせ、
　前端〜衿ぐりを縫う

後ろ身頃（裏）

②縫い代のカーブ部分に
　切込みを入れ、
　角をカット

後ろ見返し
（裏）

前身頃
（裏）

前身頃
（裏）

1

前見返し
（裏）

後ろ見返し
（表）

前身頃
（表）

③見返しを表側に返し、
　ステッチをかける

前見返し
（表）

0.2

7 スカートを作る

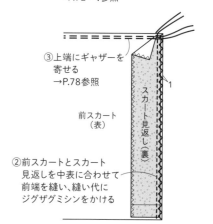

①前後スカートを中表に合わせて
　脇を縫う
　→P.72・1参照

③上端にギャザーを
　寄せる
　→P.78参照

前スカート
（表）

スカート見返し
（裏）

1

②前スカートとスカート
　見返しを中表に合わせて
　前端を縫い、縫い代に
　ジグザグミシンをかける

8 身頃とスカートを縫い合わせる

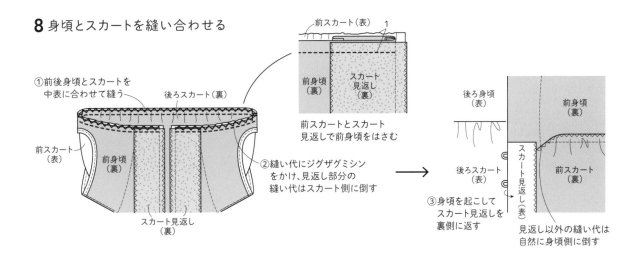

①前後身頃とスカートを
　中表に合わせて縫う

後ろスカート（裏）

前スカート
（表）

前身頃（裏）

②縫い代にジグザグミシン
　をかけ、見返し部分の
　縫い代はスカート側に倒す

スカート見返し
（裏）

前スカート（表）　1

前身頃
（裏）

スカート
見返し
（裏）

前スカートとスカート
見返しで前身頃をはさむ

後ろ身頃
（表）

前身頃
（裏）

後ろスカート
（表）

スカート見返し（表）

前スカート
（裏）

③身頃を起こして
　スカート見返しを
　裏側に返す

見返し以外の縫い代は
自然に身頃側に倒す

● 作り方順序（ロングスリーブ）

1　身頃の肩を縫う　→P.77・**1**参照
2　見返しを縫い合わせる　→P.44・**3**参照
3　身頃に見返しをつける　P.44・**4**参照
4　袖をつける　→P.75・**7**参照
5　袖下〜脇を縫う
6　袖口をバイアス布で始末する
7　スカートを作る　→P.44・**7**参照
8　身頃とスカートを縫い合わせる　→上記**8**参照
9　裾を三つ折りにして縫う
　　→P.66・**6**③〜⑤、P.67・**9**参照
10　左前身頃とスカートのボタンつけ位置にボタンをつ
　　け、右前身頃とスカートにボタンホールをあける
　　→P.79参照

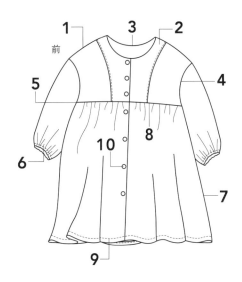

前

5 袖下〜脇を縫う

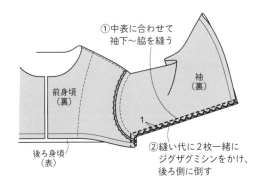

①中表に合わせて
　袖下〜脇を縫う

前身頃（裏）

袖
（裏）

後ろ身頃
（表）

②縫い代に2枚一緒に
　ジグザグミシンをかけ、
　後ろ側に倒す

6 袖口をバイアス布で始末する
　→P.79「バイアスのつけ方 a」参照

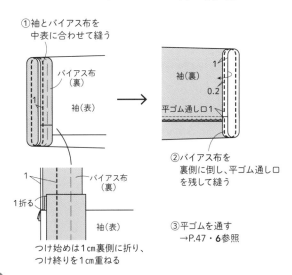

①袖とバイアス布を
　中表に合わせて縫う

バイアス布
（裏）

袖（表）

袖（裏）　1
0.2
平ゴム通し口1

②バイアス布を
　裏側に倒し、平ゴム通し口
　を残して縫う

バイアス布
（裏）

1
1折る

袖（表）

つけ始めは1cm裏側に折り、
つけ終わりを1cm重ねる

③平ゴムを通す
　→P.47・**6**参照

E

コクーンパンツ

photo / page. 09, 26, 28　実物大パターンB面

● 材料

※左から100/110/120/130/140cm

布：

綿麻ツイル…110cm幅120/130/150/150/160cm

幅3cmの平ゴム…46/48/50/52/53cm

● 出来上り寸法　※単位はcm

サイズ	100	110	120	130	140
胴囲	89	93	97	101	105
パンツ丈	46.5	52	57.5	63	68.5

● 作り方順序

1　ポケットを作り、つける

2　前後パンツと前脇パンツを縫い合わせる

3　股上を縫う

4　股下を縫う

5　ベルトを作り、つける

6　ベルトに平ゴムを通す

7　裾を三つ折りにして縫う

● 裁合せ図

※上から100/110/120/130/140cm

・指定以外の縫い代は1cm

・〜〜〜 ポケットの3辺にジグザグミシンをかける

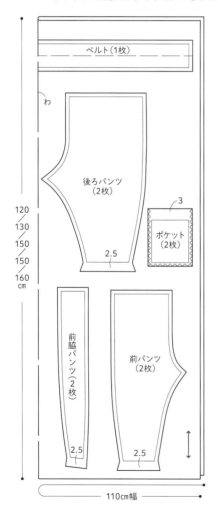

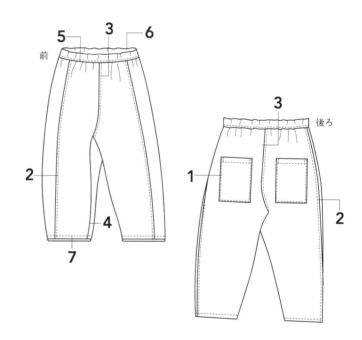

1　ポケットを作り、つける

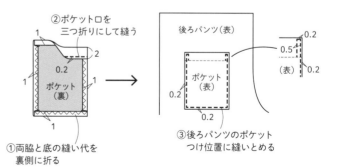

①両脇と底の縫い代を裏側に折る

②ポケット口を三つ折りにして縫う

③後ろパンツのポケットつけ位置に縫いとめる

2 前後パンツと前脇パンツを縫い合わせる

④ステッチをかける

後ろパンツ（表）　0.7　前脇パンツ（表）　0.7　前パンツ（表）

① 前脇パンツと前パンツを中表に合わせて縫う

前パンツ（裏）　前脇パンツ（裏）　後ろパンツ（裏）

② 後ろパンツと前脇パンツを中表にして縫う

③ 縫い代に2枚一緒にジグザグミシンをかけ、中心側に倒す

3 股上を縫う

② 縫い代に2枚一緒にジグザグミシンをかけ、左パンツ側に倒す

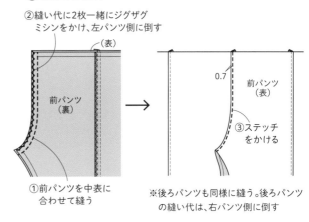

（表）

前パンツ（裏）

① 前パンツを中表に合わせて縫う

0.7　前パンツ（表）

③ ステッチをかける

※後ろパンツも同様に縫う。後ろパンツの縫い代は、右パンツ側に倒す

4 股下を縫う

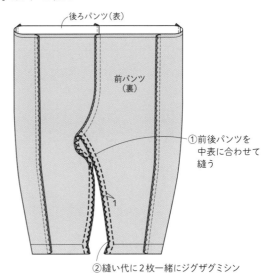

後ろパンツ（表）

前パンツ（裏）

① 前後パンツを中表に合わせて縫う

1

② 縫い代に2枚一緒にジグザグミシンをかけ、後ろ側に倒す

5 ベルトを作り、つける

① 中表に二つ折りにし、平ゴム通し口を残して縫う。縫い代は割る

わ　1　ベルト（裏）

② 縫い代を裏側に折る

③ パンツとベルトを中表に合わせて縫う

1　ベルト（裏）

前パンツ（表）　前脇パンツ（表）　左脇

⑤ 外表に二つ折りにしてしつけをかける

わ

④ ベルトをアイロンで起こす

0.2　3.5　⑥縫う

前パンツ（表）

わ　1　ベルト（表）

0.3しつけ

③ の縫い目に合わせる

パンツ（裏）

6 ベルトに平ゴムを通す

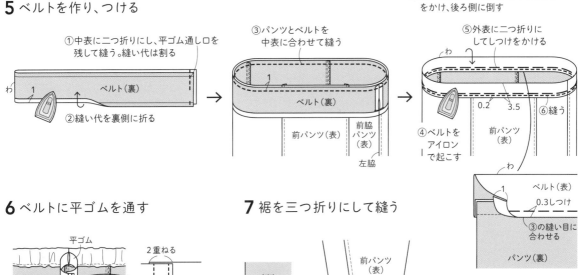

平ゴム

後ろパンツ（裏）

2重ねる

平ゴム

7 裾を三つ折りにして縫う

（裏）

1

1.5

前パンツ（表）

page. 47

ティアードワンピース、ティアードトップス

photo / ワンピース ⤍ page. 10　トップス ⤍ page. 11　実物大パターンB面

● 材料

※左から100/110/120/130/140㎝。指定以外は共通

布：ワンピース

APUHOUSE FABRIC　岡山の児島 6オンス インディゴ染め くっ
たりソフトデニム/ブルー…140㎝幅160/170/180/190/200㎝

トップス

CHECK＆STRIPE　天使のリネン/赤
…100㎝幅120/130/140/150/160㎝

● 裁合せ図

※上から100/110/120/130/140㎝

・指定以外の縫い代は1㎝

・後ろ身頃の右脇は、左脇より1.5㎝内側に線を引き、
　そこから1㎝の縫い代をつける

直径0.8㎝のスナップ…5組み

（ワンピースのみ）直径1㎝のボタン…3個

（トップスのみ）直径1.3㎝のくるみボタン…3個

● 出来上り寸法　※単位は㎝

サイズ	100	110	120	130	140
胸囲	64.5	68.5	72.5	76.5	80.5
ワンピース着丈	54.5	60.5	66.5	72.5	78.5
トップス着丈	34.7	38.2	41.7	45.2	48.7

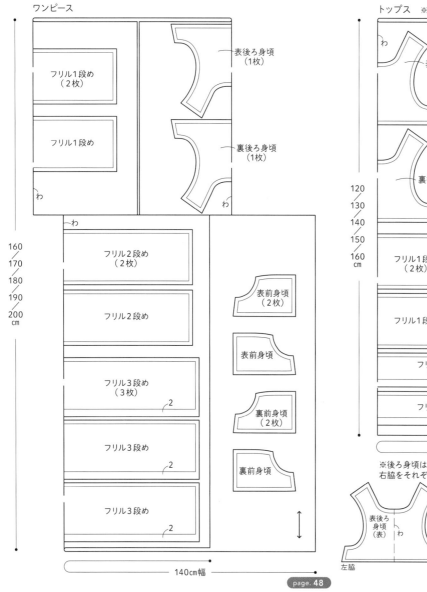

● **作り方順序**（指定以外ワンピース、トップス共通）

1 前後身頃を縫い合わせる
2 フリルを縫い合わせる
3 前後身頃とフリルを縫い合わせる
4 裾を三つ折りにして縫う
　　→P.72・5参照
5 前身頃のボタンつけ位置にボタンと
　　スナップをつける
6 左脇にスナップをつける

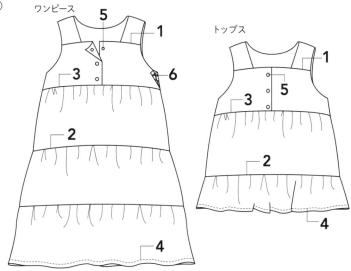

ワンピース
トップス

1 前後身頃を縫い合わせる

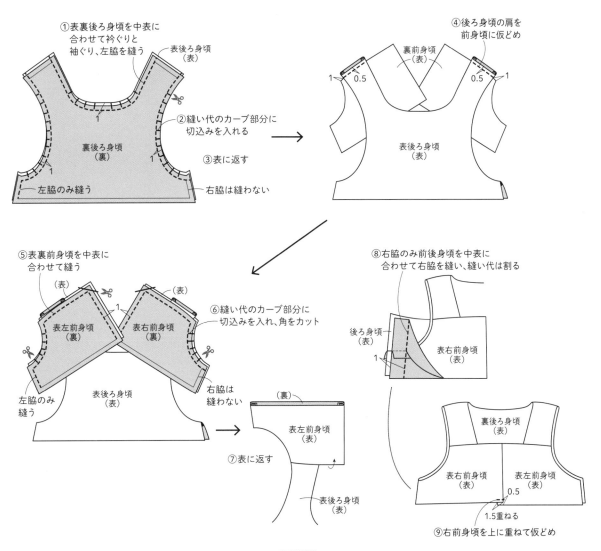

①表裏後ろ身頃を中表に
合わせて衿ぐりと
袖ぐり、左脇を縫う

表後ろ身頃
（表）

裏後ろ身頃
（裏）

②縫い代のカーブ部分に
切込みを入れる

③表に返す

左脇のみ縫う
右脇は縫わない

④後ろ身頃の肩を
前身頃に仮どめ

裏前身頃
（表）

1　0.5　　0.5　1

表後ろ身頃
（表）

⑤表裏前身頃を中表に
合わせて縫う

（表）　（表）

表左前身頃
（裏）

表右前身頃
（裏）

左脇のみ
縫う

表後ろ身頃
（表）

⑥縫い代のカーブ部分に
切込みを入れ、角をカット

右脇は
縫わない

⑦表に返す

（裏）

表左前身頃
（表）

表後ろ身頃
（表）

⑧右脇のみ前後身頃を中表に
合わせて右脇を縫い、縫い代は割る

後ろ身頃
（表）

表右前身頃
（表）

1

裏後ろ身頃
（表）

表右前身頃
（表）　　表左前身頃
（表）

0.5
1.5重ねる

⑨右前身頃を上に重ねて仮どめ

2 フリルを縫い合わせる

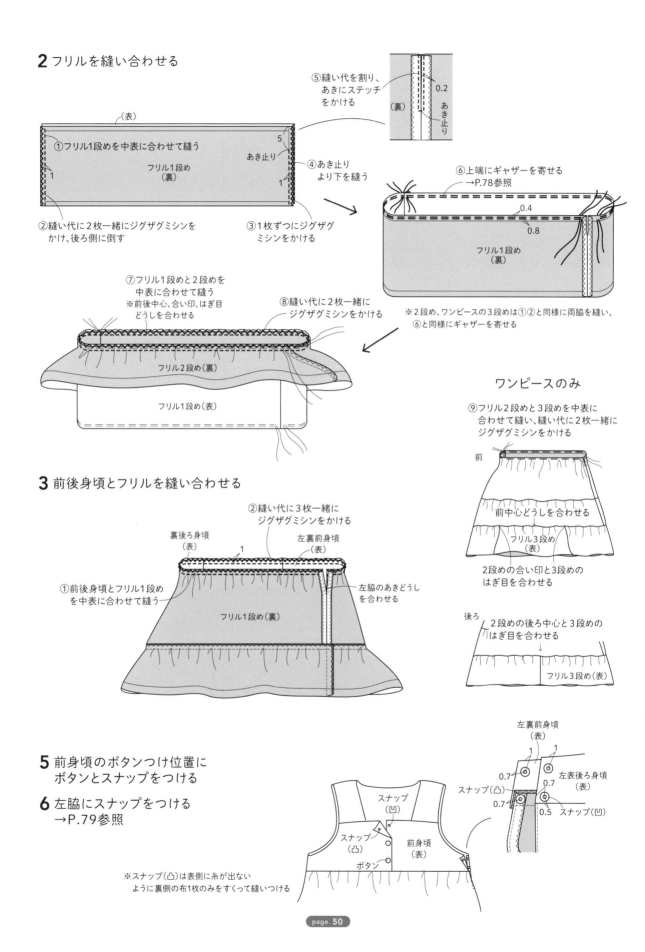

⑤縫い代を割り、あきにステッチをかける

(裏)　0.2
あき止り

①フリル1段めを中表に合わせて縫う

フリル1段め（裏）

5
あき止り

④あき止りより下を縫う

②縫い代に2枚一緒にジグザグミシンをかけ、後ろ側に倒す

③1枚ずつにジグザグミシンをかける

⑥上端にギャザーを寄せる →P.78参照

0.4
0.8

フリル1段め（裏）

※2段め、ワンピースの3段めは①②と同様に両脇を縫い、⑥と同様にギャザーを寄せる

⑦フリル1段めと2段めを中表に合わせて縫う
※前後中心、合い印、はぎ目どうしを合わせる

⑧縫い代に2枚一緒にジグザグミシンをかける

フリル2段め（裏）

フリル1段め（表）

ワンピースのみ

⑨フリル2段めと3段めを中表に合わせて縫い、縫い代に2枚一緒にジグザグミシンをかける

前

前中心どうしを合わせる

フリル3段め（表）

2段めの合い印と3段めのはぎ目を合わせる

後ろ

2段めの後ろ中心と3段めのはぎ目を合わせる

フリル3段め（表）

3 前後身頃とフリルを縫い合わせる

②縫い代に3枚一緒にジグザグミシンをかける

裏後ろ身頃（表）　1

左裏前身頃（表）

①前後身頃とフリル1段めを中表に合わせて縫う

左脇のあきどうしを合わせる

フリル1段め（裏）

5 前身頃のボタンつけ位置にボタンとスナップをつける

6 左脇にスナップをつける →P.79参照

スナップ（凹）

スナップ（凸）

前身頃（表）

ボタン

左裏前身頃（表）　1　1

スナップ（凸）　0.7

左表後ろ身頃（表）

0.7

0.7　0.5　スナップ（凹）

※スナップ（凸）は表側に糸が出ないように裏側の布1枚のみをすくって縫いつける

ベビーサルエルパンツ

photo / page. **12** 実物大パターンB面

● 材料

※左から80/90cm。指定以外は共通
布：コットンデニム　8オンス…108cm幅70/80cm
接着芯（薄手）…1.5×2cmを2枚
幅2cmの平ゴム…42/43cm
幅1cmのリネンテープ…110cm
直径1.1cmのボタン…2個

● 裁合せ図

※上から80/90cm
・指定以外の縫い代は1cm
・□□□ ベルトの裏側に接着芯をはる
・〜〜〜 ポケットにジグザグミシンをかける

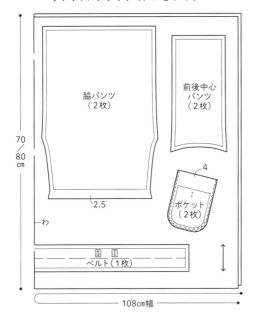

● 出来上り寸法　※単位はcm

サイズ	80	90
胴囲	80	84
パンツ丈	43.5	46.5

● 作り方順序

1　ポケットを作り、つける
2　前後中心パンツと脇パンツを縫い合わせる
3　股下を縫う
4　ベルトを作り、つける　→P.47・5参照
5　ベルトに平ゴムを通す　→P.47・6参照
6　ひも通し口からリネンテープを通す
7　裾を三つ折りにして縫う　→P.47・7参照
8　脇パンツのボタンつけ位置にボタンをつける

― 接着芯の位置とひも通し口 ―

ベルトのひも通し口の裏側に接着芯をはり、
表側からボタンホールステッチでひも通し口を作る

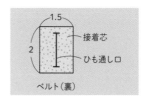

1 ポケットを作り、つける

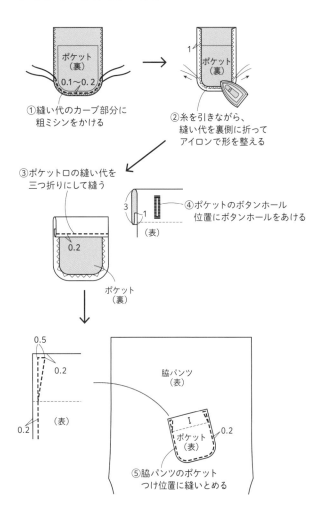

①縫い代のカーブ部分に
粗ミシンをかける

②糸を引きながら、
縫い代を裏側に折って
アイロンで形を整える

③ポケット口の縫い代を
三つ折りにして縫う

④ポケットのボタンホール
位置にボタンホールをあける

⑤脇パンツのポケット
つけ位置に縫いとめる

2 前後中心パンツと
脇パンツを縫い合わせる

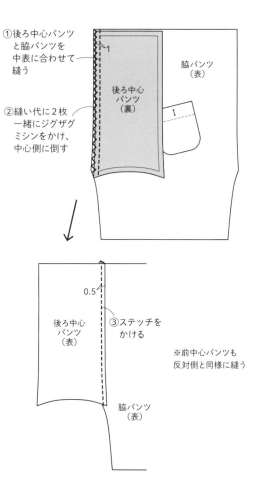

①後ろ中心パンツ
と脇パンツを
中表に合わせて
縫う

②縫い代に2枚
一緒にジグザグ
ミシンをかけ、
中心側に倒す

③ステッチを
かける

※前中心パンツも
反対側と同様に縫う

3 股下を縫う

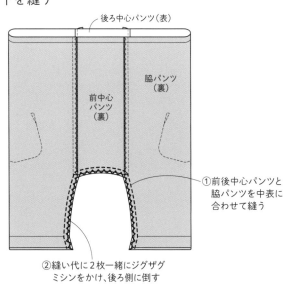

①前後中心パンツと
脇パンツを中表に
合わせて縫う

②縫い代に2枚一緒にジグザグ
ミシンをかけ、後ろ側に倒す

6 ひも通し口から
リネンテープを通す

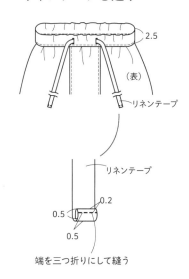

リネンテープ

リネンテープ

端を三つ折りにして縫う

ブルマサロペット

photo / page. **13**　実物大パターンC面

● **材料**
※左から80/90㎝。指定以外は共通
布：APUHOUSE FABRIC　洗いをかけた 40/1番手 綾織 フレンチリネン オーバーダイドウォッシュ/アッシュミント
…110㎝幅90/100㎝
接着芯（薄手）…90㎝幅30㎝
幅1㎝の平ゴム…27/29㎝を2本、8㎝を2本
幅2㎝のDかん…2個
直径0.9㎝のプラスチックスナップ…3組み

● **裁合せ図**
※上から80/90㎝。指定以外は共通
・指定以外の縫い代は1㎝
・▨表前当て、後ろ見返し、前ベルト1枚（表前ベルトになる）、股下持出しの裏側に接着芯をはる
・〜〜前後パンツの股上、後ろ見返しの下端にジグザグミシンをかける

● **出来上り寸法**　※左から80/90㎝

サイズ	80	90
胴囲	86	90
着丈（前当て上端〜股上まで）	31	33

● **作り方順序**
1　金具用パーツを作り、仮どめする
2　前当てを作る
3　前後パンツの股上を縫う
4　前当てと前パンツを縫い合わせる
5　肩ひもを作り、仮どめする
6　後ろパンツに後ろ見返しをつけ、脇に平ゴムを通す
7　脇を縫う　→P.42・**4**参照
8　裾を三つ折りにして縫い、平ゴムを通す
9　股下持出しを作り、つける
10　股下持出しのボタンつけ位置にプラスチックスナップをつける

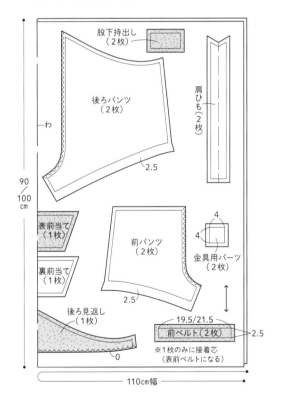

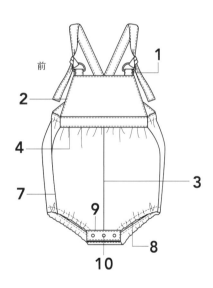

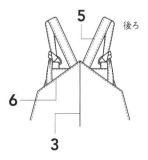

1 金具用パーツを作り、仮どめする

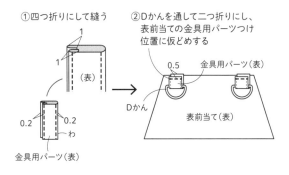

①四つ折りにして縫う

1

1

（表）

0.2　0.2

わ

金具用パーツ（表）

②Dかんを通して二つ折りにし、
　表前当ての金具用パーツつけ
　位置に仮どめする

0.5　　　金具用パーツ（表）

Dかん

表前当て（表）

2 前当てを作る

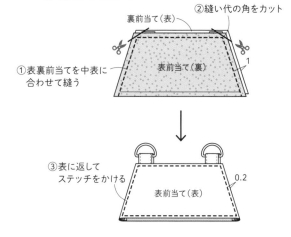

①表裏前当てを中表に
　合わせて縫う

裏前当て（表）　　　②縫い代の角をカット

表前当て（裏）

1

③表に返して
　ステッチをかける

表前当て（表）　　0.2

3 前後パンツの股上を縫う

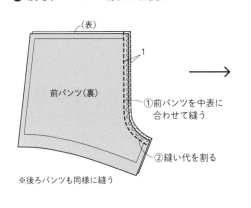

（表）

1

①前パンツを中表に
　合わせて縫う

前パンツ（裏）

②縫い代を割る

※後ろパンツも同様に縫う

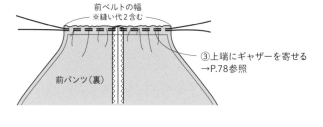

前ベルトの幅
※縫い代2含む

前パンツ（裏）

③上端にギャザーを寄せる
→P.78参照

4 前当てと前パンツを縫い合わせる

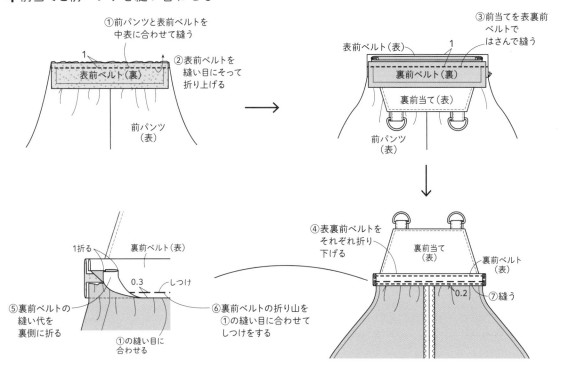

①前パンツと表前ベルトを
　中表に合わせて縫う

②表前ベルトを
　縫い目にそって
　折り上げる

1

表前ベルト（裏）

前パンツ
（表）

③前当てを表裏前
　ベルトではさんで縫う

表前ベルト（表）　　1

裏前ベルト（裏）

裏前当て（表）

前パンツ
（表）

1折る

裏前ベルト（表）

0.3　　しつけ

⑤裏前ベルトの
　縫い代を
　裏側に折る

①の縫い目に
合わせる

⑥裏前ベルトの折り山を
①の縫い目に合わせて
しつけをする

④表裏前ベルトを
　それぞれ折り
　下げる

裏前当て
（表）

裏前ベルト
（表）

0.2　　⑦縫う

5 肩ひもを作り、仮どめする

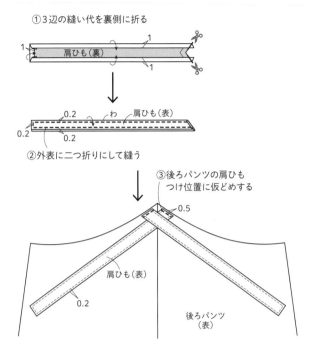

①3辺の縫い代を裏側に折る

肩ひも（裏）

②外表に二つ折りにして縫う

肩ひも（表）
わ
0.2
0.2
0.2

③後ろパンツの肩ひも
つけ位置に仮どめする

0.5

肩ひも（表）
0.2

後ろパンツ
（表）

6 後ろパンツに後ろ見返しをつけ、脇に平ゴムを通す

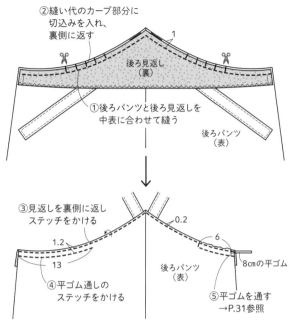

②縫い代のカーブ部分に
切込みを入れ、
裏側に返す

後ろ見返し
（裏）

1

①後ろパンツと後ろ見返しを
中表に合わせて縫う

後ろパンツ
（表）

③見返しを裏側に返し
ステッチをかける

0.2

1.2
13

④平ゴム通しの
ステッチをかける

6

後ろパンツ
（表）

8cmの平ゴム

⑤平ゴムを通す
→P.31参照

8 裾を三つ折りにして縫い、平ゴムを通す

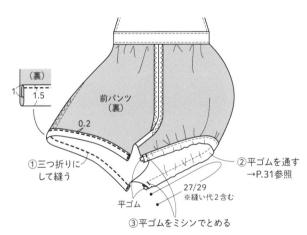

（裏）
1
1.5

前パンツ
（裏）

0.2

①三つ折りに
して縫う

平ゴム

27/29
※縫い代2含む

③平ゴムをミシンでとめる

②平ゴムを通す
→P.31参照

10 股下持出しのボタンつけ位置にプラスチックスナップをつける

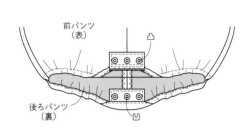

前パンツ
（表）

後ろパンツ
（裏）

9 股下持出しを作り、つける

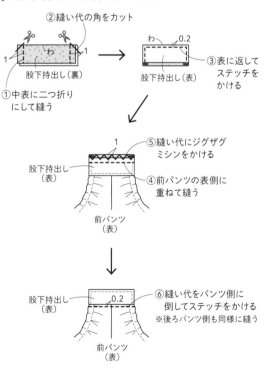

②縫い代の角をカット

1
わ
1

股下持出し（裏）

①中表に二つ折り
にして縫う

わ
0.2

股下持出し（表）

③表に返して
ステッチを
かける

1

股下持出し
（表）

⑤縫い代にジグザグ
ミシンをかける

④前パンツの表側に
重ねて縫う

前パンツ
（表）

股下持出し
（表）

0.2

⑥縫い代をパンツ側に
倒してステッチをかける
※後ろパンツ側も同様に縫う

前パンツ
（表）

ギャザーロンパース

photo / page. **15**　実物大パターンD面

● 材料
※左から80/90cm。指定以外は共通
布：
生地の森　コットンダブルガーゼ ナチュラル染め/ブラウン
　…102cm幅90/100cm
コットン刺繍地…105cm幅20cm
接着芯（薄手）…90cm幅20cm
直径1.3cmのボタン…3個
直径0.9cmのプラスチックスナップ…6組み
幅1cmの平ゴム…27/28cmを2本

● 出来上り寸法　※単位はcm

サイズ	80	90
胸囲	58	62
着丈	40	43

● 裁合せ図
※上から80/90cm。指定以外は共通
・指定以外の縫い代は1cm
・░░ 前身頃の見返し部分、脇持出し、前パンツ
　の脇のあき部分、前・後ろパンツの股下部分、
　表衿の裏側に接着芯をはる
・∿∿∿ 前身頃の見返し部分、前パンツの脇、前・
　後ろパンツの股上にジグザグミシンをかける

刺繍地

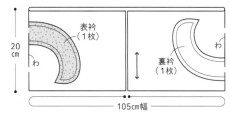

ダブルガーゼ

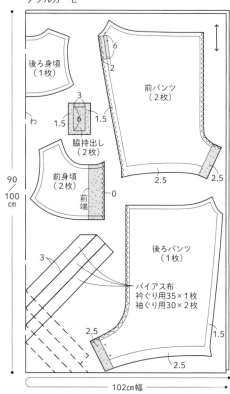

● 作り方順序
1　前後パンツの袖ぐりを三つ折りにして縫う
2　脇持出しを作り、後ろパンツに縫いとめる
3　脇を縫う
4　股上を縫う
5　肩を縫う　→P.77・**1**参照
6　衿を作り、つける　→P.39・**3**、**4**参照
7　袖ぐりをバイアス布で始末する
8　右前身頃にボタンホールをあけ、前端を重ね
　　て仮どめする
9　パンツと身頃を縫い合わせる
10　裾を三つ折りにして縫い、平ゴムを通す
11　股下を三つ折りにして縫う
12　左前身頃にボタンをつける
13　脇と股下にプラスチックスナップをつける

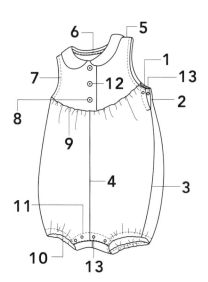

1 前後パンツの袖ぐりを
　三つ折りにして縫う

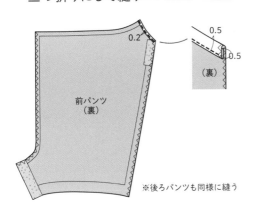

0.2
0.5
0.5
（裏）

前パンツ
（裏）

※後ろパンツも同様に縫う

2 脇持出しを作り、後ろパンツに縫いとめる

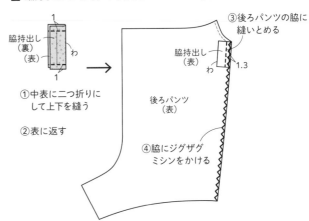

脇持出し
（裏）
脇持出し
（表）
わ
1
1

①中表に二つ折りに
して上下を縫う

②表に返す

③後ろパンツの脇に
縫いとめる

脇持出し
（表）
わ
1.3

後ろパンツ
（表）

④脇にジグザグ
ミシンをかける

3 脇を縫う

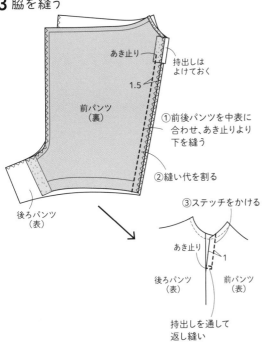

あき止り

持出しは
よけておく

1.5

前パンツ
（裏）

①前後パンツを中表に
合わせ、あき止りより
下を縫う

②縫い代を割る

後ろパンツ
（表）

③ステッチをかける

あき止り
1

後ろパンツ
（表）
前パンツ
（表）

持出しを通して
返し縫い

4 股上を縫う

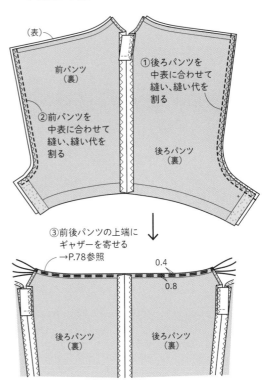

（表）

前パンツ
（裏）

①後ろパンツを
中表に合わせて
縫い、縫い代を
割る

②前パンツを
中表に合わせて
縫い、縫い代を
割る

後ろパンツ
（裏）

③前後パンツの上端に
ギャザーを寄せる
→P.78参照

0.4
0.8

後ろパンツ
（裏）
後ろパンツ
（裏）

7 袖ぐりをバイアス布で始末する
　→P.79「バイアス布のつけ方 a」参照

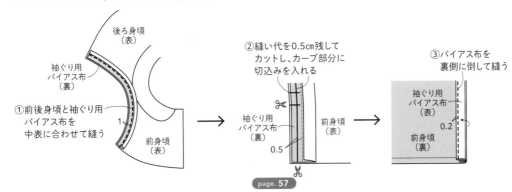

後ろ身頃
（表）

袖ぐり用
バイアス布
（裏）

①前後身頃と袖ぐり用
バイアス布を
中表に合わせて縫う

1

前身頃
（表）

②縫い代を0.5cm残して
カットし、カーブ部分に
切込みを入れる

袖ぐり用
バイアス布
（裏）

前身頃
（表）

0.5

③バイアス布を
裏側に倒して縫う

袖ぐり用
バイアス布
（表）

0.2

前身頃
（裏）

8 右前身頃にボタンホールをあけ、
前端を重ねて仮どめする

9 パンツと身頃を縫い合わせる

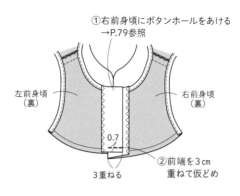

①右前身頃にボタンホールをあける
→P.79参照

左前身頃
（裏）

右前身頃
（裏）

0.7

3重ねる

②前端を3cm
重ねて仮どめ

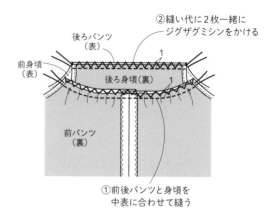

②縫い代に2枚一緒に
ジグザグミシンをかける

後ろパンツ
（表）

前身頃
（表）

後ろ身頃（裏）

1

前パンツ
（裏）

①前後パンツと身頃を
中表に合わせて縫う

10 裾を三つ折りにして縫い、
平ゴムを通す

11 股下を三つ折りにして縫う

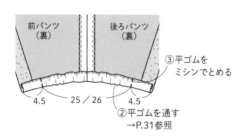

①裾を三つ折りにして縫う
→P.55・8①参照

前パンツ
（裏）

後ろパンツ
（裏）

③平ゴムを
ミシンでとめる

4.5　　25 / 26　　4.5

②平ゴムを通す
→P.31参照

12 左前身頃にボタンをつける

13 脇と股下にプラスチック
スナップをつける

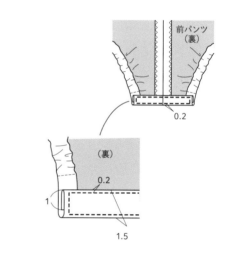

前パンツ
（裏）

0.2

（裏）

0.2

1

1.5

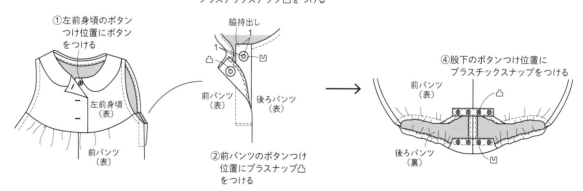

③脇持出しに
プラスチックスナップ凹をつける

①左前身頃のボタン
つけ位置にボタン
をつける

脇持出し

1

1

凸　　凹

左前身頃
（表）

前パンツ
（表）

後ろパンツ
（表）

前パンツ
（表）

②前パンツのボタンつけ
位置にプラスナップ凸
をつける

④股下のボタンつけ位置に
プラスチックスナップをつける

前パンツ
（表）

凸

後ろパンツ
（裏）

凹

コート

photo / レインコート → page.16　スプリングコート → page.17　実物大パターンC面

● 材料
※左から100/110/120/130/140cm。指定以外は共通

レインコート
布： Rick Rack　アウトドア用防水生地/モスグリーン
…148cm幅170/180/190/200/220cm
幅1cmのふちどりナイロンバイアステープ…100cm
直径1.3cmのプラスチックスナップ…5組み
※防水生地は必ずアイロンを低温でかける

● 裁合せ図
※上から100/110/120/130/140cm
・指定以外の縫い代は1cm
・〜〜〜 ポケットの3辺にジグザグミシンをかける
・▨▨▨（スプリングコートのみ）前身頃とフードの見返し部分の
　裏側に接着芯をはる

スプリングコート
布：生地の森　先染リネン ヘリンボンストライプトップ
…124cm幅190/200/200/220/240cm
接着芯…90cm幅70cm
幅1cmのふちどりバイアステープ…100cm
直径1.8cmのボタン…5個

● 出来上り寸法　　※単位はcm

サイズ	100	110	120	130	140
胸囲	87	91	95	99	103
着丈	54	60	66	72	80

レインコート

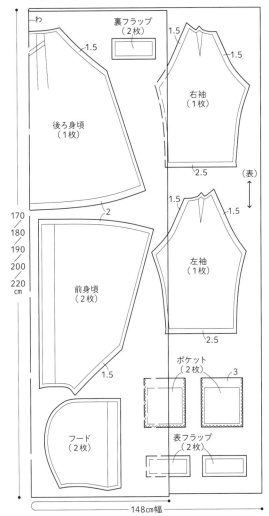

スプリングコート

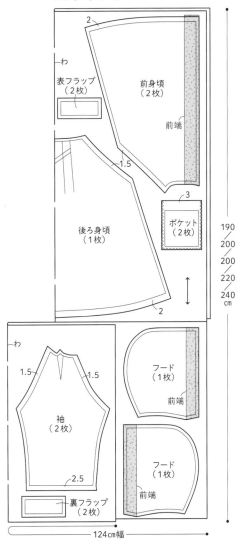

● **作り方順序**（指定以外レインコート、スプリングコート共通）

1　ポケットを作り、前身頃のポケットつけ位置に縫いとめる
　　→P.46・**1**参照
2　フラップを作り、つける
3　前身頃の見返し側の縫い代を三つ折りにして縫う
4　袖のダーツを縫う
5　袖をつける
6　袖下〜脇を縫う　→P.45・**5**参照
7　袖口を三つ折りにして縫う　→P.75・**9**参照
8　後ろ身頃のタックをたたみ、仮どめする
9　フードを作る
10　フードをつける
11　裾を三つ折りにして縫う
　　→P.66・**6**③〜⑤、P.67・**9**参照
12　身頃の前端にステッチをかける
13　**レインコート**　前身頃のボタンつけ位置にプラスチック
　　スナップをつける
　　スプリングコート　前身頃のボタンつけ位置にボタンを
　　つけ、ボタンホールをあける

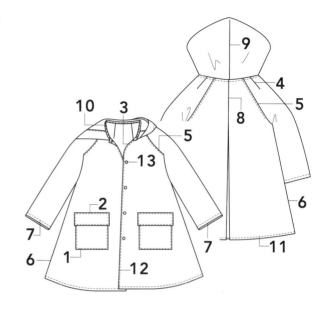

2 フラップを作り、つける

3 前身頃の見返し側の縫い代を三つ折りにして縫う

①中表に合わせて縫い、
　表に返す
　→P.69・**1**②③参照

フラップ（表）

0.5
②ステッチをかける

前身頃（表）

⑤三つ折りにして縫う

0.5
0.2
0.5
（裏）

③前身頃のフラップ
　つけ位置に縫いとめる
　→P.69・**1**⑤⑥参照

フラップ（表）
0.7

④ステッチをかける

5 袖をつける

①前身頃と袖を
　中表に合わせて縫う

前身頃（表）

1.5
前
袖（裏）

※後ろ身頃側も同様に縫う

ー 折伏せ縫い ー

袖（表）
0.5
前身頃（裏）
②前身頃の縫い代を
0.5cm残してカット

（裏）
③袖の縫い代を
縫い目にそって折る

0.2
（裏）
④布を開いて縫い代を
前身頃側に倒し、縫う

4 袖のダーツを縫う

後ろ側に倒す
袖（裏）

ーダーツの縫い方ー

①斜線どうしを中表に
　合わせて折り、縫う

（裏）
（表）
（裏）

（裏）
縫終りは糸を
長めに残す

1
②糸を結び、1cm
残してカット

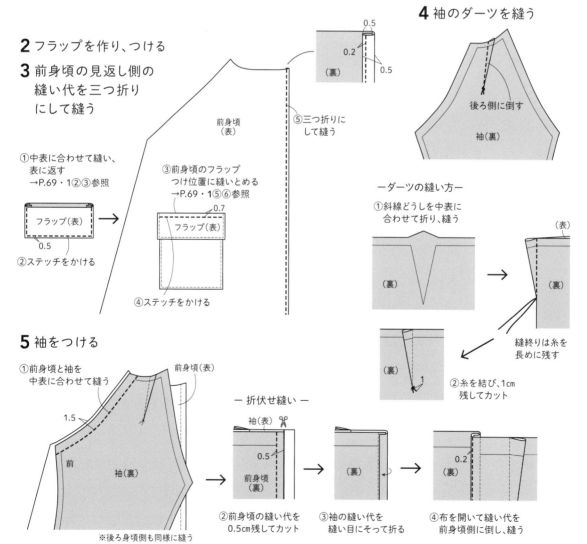

page. 60

8 後ろ身頃のタックをたたみ、仮どめする

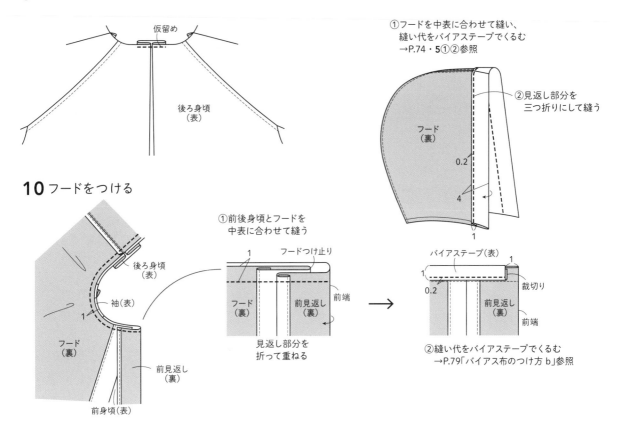

仮留め

後ろ身頃
（表）

9 フードを作る

①フードを中表に合わせて縫い、
　縫い代をバイアステープでくるむ
　→P.74・5①②参照

②見返し部分を
　三つ折りにして縫う

フード
（裏）

0.2

4

1

10 フードをつける

①前後身頃とフードを
　中表に合わせて縫う

後ろ身頃
（表）

袖（表）

1

フード
（裏）

前見返し
（裏）

前身頃（表）

1

フードつけ止り

前端

フード
（裏）

前見返し
（裏）

見返し部分を
折って重ねる

→

バイアステープ（表）

1

1

0.2

裁切り

前見返し
（裏）

前端

②縫い代をバイアステープでくるむ
　→P.79「バイアス布のつけ方 b」参照

12 身頃の前端にステッチをかける

レインコート

13 前身頃のボタンつけ位置に
　　プラスチックスナップをつける

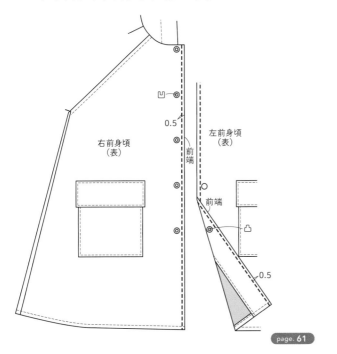

凹

0.5

右前身頃
（表）

左前身頃
（表）

前端

前端

0.5

凸

スプリングコート

13 前身頃のボタンつけ位置にボタンを
　　つけ、ボタンホールをあける

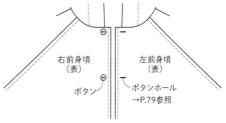

右前身頃
（表）

左前身頃
（表）

ボタン

ボタンホール
→P.79参照

K

サロペットパンツ

photo / a リネンサロペットパンツ → page. 18, 21　b コットンサロペットパンツ → page. 19
実物大パターンC面

● 材料
※左から100/110/120/130/140cm。指定以外は共通
布：a リネン…105cm幅170/180/190/210/230cm
　　b 生地の森　コットンライトキャンバス/グレイッシュ
　　ラベンダー…112cm幅170/180/190/210/230cm
接着芯（薄手）…90cm幅20cm
（aのみ）幅3cmの綿テープ…47/49/51/53/55cmを2本
幅0.7cmの平ゴム…8cmを2本
幅3cmの角かん、送りかん…各2個

● 出来上り寸法　※単位はcm

サイズ	100	110	120	130	140
腰囲	82.5	86.5	90.5	94.5	98.5
パンツ丈（前中心〜裾）	73	80	87	94	101

● 作り方順序
1　ポケットを作り、つける
2　股上を縫う　→P.47・3参照
3　脇を縫う　→P.42・4参照
4　股下を縫う　→P.47・4参照
5　裾を三つ折りにして縫う
6　金具用パーツを作り、仮どめする
7　綿テープまたは肩ひもを仮どめする
8　パンツに見返しをつける
9　脇に平ゴムを通す
10　綿テープまたは肩ひもに送りかんを通して縫う

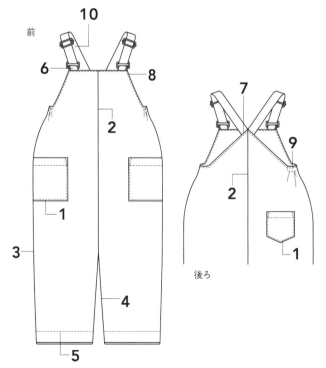

● 裁合せ図
※上から100/110/120/130/140cm。指定以外は共通
・指定以外の縫い代は1cm
・▨ 前見返し、後ろ見返しの裏側に接着芯をはる
・〜〜 前ポケットの2辺と後ろポケットの4辺に
　ジグザグミシンをかける

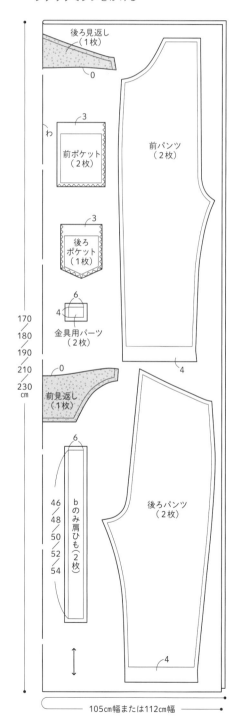

1 ポケットを作り、つける

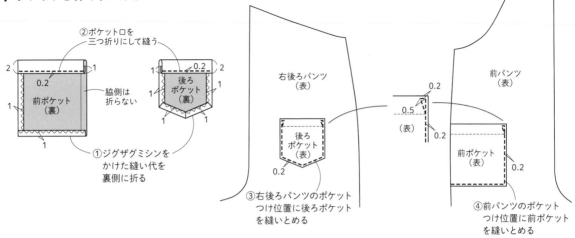

②ポケット口を三つ折りにして縫う

2   1

0.2

前ポケット（裏）

脇側は折らない

①ジグザグミシンをかけた縫い代を裏側に折る

後ろポケット（裏）

0.2

1

右後ろパンツ（表）

後ろポケット（表）

0.2

③右後ろパンツのポケットつけ位置に後ろポケットを縫いとめる

0.2

0.5

（表）

0.2

前パンツ（表）

前ポケット（表）

0.2

④前パンツのポケットつけ位置に前ポケットを縫いとめる

5 裾を三つ折りにして縫う

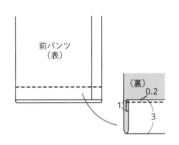

前パンツ（表）

（裏）

0.2

1

3

6 金具用パーツを作り、仮どめする

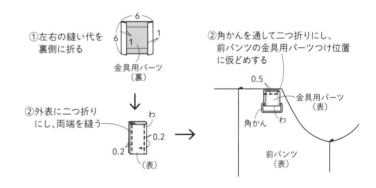

①左右の縫い代を裏側に折る

6   6   1

1

金具用パーツ（裏）

②外表に二つ折りにし、両端を縫う

わ

0.2

0.2

（表）

②角かんを通して二つ折りにし、前パンツの金具用パーツつけ位置に仮どめする

0.5

金具用パーツ（表）

角かん   わ

前パンツ（表）

7 綿テープまたは肩ひもを仮どめする

bのみ

①上下の縫い代を裏側に折る

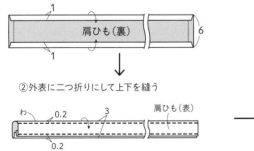

1

肩ひも（裏）

1

6

②外表に二つ折りにして上下を縫う

わ   0.2   3   肩ひも（表）

0.2

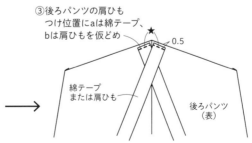

③後ろパンツの肩ひもつけ位置にaは綿テープ、bは肩ひもを仮どめ

★   0.5

綿テープまたは肩ひも

後ろパンツ（表）

8 パンツに見返しをつける
9 脇に平ゴムを通す

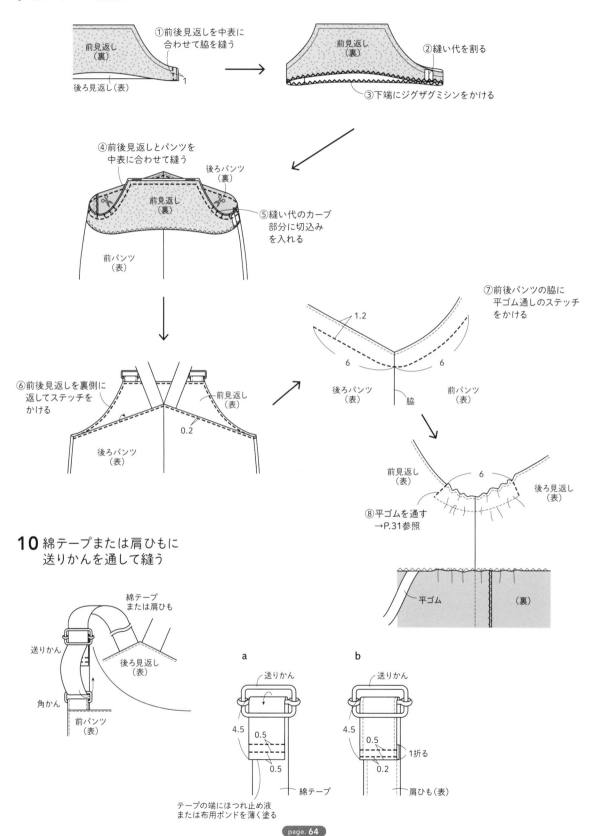

①前後見返しを中表に
合わせて脇を縫う

前見返し（裏）

後ろ見返し（表）

②縫い代を割る

前見返し（裏）

③下端にジグザグミシンをかける

④前後見返しとパンツを
中表に合わせて縫う

後ろパンツ（裏）

前見返し（裏）

⑤縫い代のカーブ
部分に切込み
を入れる

前パンツ（表）

⑦前後パンツの脇に
平ゴム通しのステッチ
をかける

1.2

後ろパンツ（表）　6　6　前パンツ（表）

脇

⑥前後見返しを裏側に
返してステッチを
かける

前見返し（表）

0.2

後ろパンツ（表）

前見返し（表）　6　後ろ見返し（表）

⑧平ゴムを通す
→P.31参照

平ゴム　（裏）

10 綿テープまたは肩ひもに
送りかんを通して縫う

綿テープ
または肩ひも

送りかん

後ろ見返し（表）

角かん

前パンツ（表）

a
送りかん
4.5
0.5
0.5
綿テープ

b
送りかん
4.5
0.5
1折る
0.2
肩ひも（表）

テープの端にほつれ止め液
または布用ボンドを薄く塗る

L

スカラップワンピース

photo / page. **20**　実物大パターンC面

● 材料
※左から100/110/120/130/140cm。指定以外は共通
布：
CHECK&STRIPE　100そうギンガムチェック/黒
…110cm幅130/150/160/170/190cm
コットン（無地）…110cm幅10cm
接着芯（薄手）…90cm幅90cm
直径1.3cmのプラスチックスナップ…5組み

● 裁合せ図
※上から100/110/120/130/140cm。指定以外は共通
・指定以外の縫い代は1cm
・▨▨ スカラップ見返し、前身頃の見返し部分、
　表衿の裏側に接着芯をはる
・〰〰 前身頃の見返し側にジグザグミシンをかける

● 出来上り寸法　※単位はcm

サイズ	100	110	120	130	140
胸囲	65	69	73	77	81
着丈	53.5	59.5	65.5	71.5	79.5

● 作り方順序
1　スカラップを縫う
2　スカラップ見返しと前脇を縫い合わせる
3　袖ぐりを三つ折りにして縫う
4　肩を縫う
5　脇を縫う
6　見返しの始末をする
7　衿を作る
8　衿をつける
9　裾を三つ折りにして縫う
10　前身頃のボタンつけ位置にプラスチックスナップをつける

ギンガムチェック

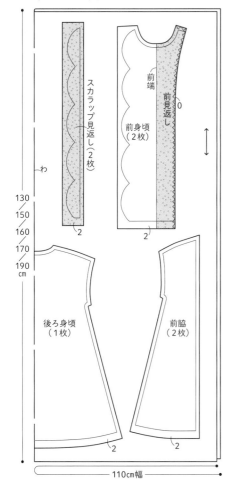

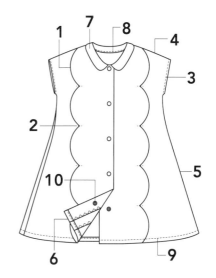

ースカラップ部分の縫い代のつけ方ー

頂点から1cmの位置で直線を引き、
スカラップの線を手芸用複写紙で
写しておく

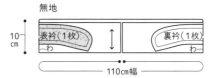

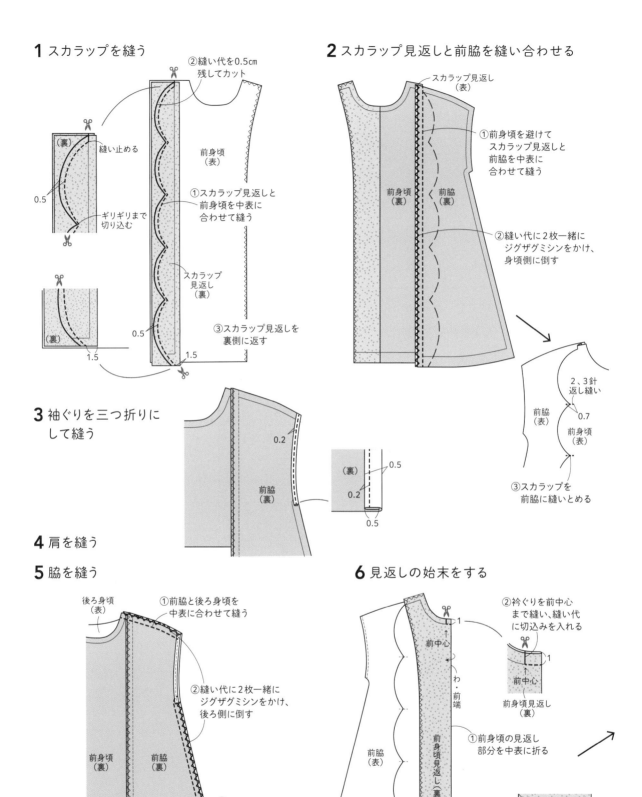

1 スカラップを縫う

縫い止める

0.5

ギリギリまで
切り込む

（裏）

（裏）

1.5

②縫い代を0.5cm
残してカット

前身頃
（表）

①スカラップ見返しと
前身頃を中表に
合わせて縫う

スカラップ
見返し
（裏）

③スカラップ見返しを
裏側に返す

0.5

0.5

1.5

2 スカラップ見返しと前脇を縫い合わせる

スカラップ見返し
（表）

前身頃
（裏）

前脇
（裏）

①前身頃を避けて
スカラップ見返しと
前脇を中表に
合わせて縫う

②縫い代に2枚一緒に
ジグザグミシンをかけ、
身頃側に倒す

前脇
（表）

前身頃
（表）

2、3針
返し縫い

0.7

③スカラップを
前脇に縫いとめる

3 袖ぐりを三つ折りに
して縫う

0.2

前脇
（裏）

（裏）

0.5

0.2

0.5

4 肩を縫う

5 脇を縫う

後ろ身頃
（表）

①前脇と後ろ身頃を
中表に合わせて縫う

②縫い代に2枚一緒に
ジグザグミシンをかけ、
後ろ側に倒す

前身頃
（裏）

前脇
（裏）

①

6 見返しの始末をする

前中心

わ・前端

前脇
（表）

前身頃見返し
（裏）

①前身頃の見返し
部分を中表に折る

③裾を縫う

④余分をカット

1

2

1

②衿ぐりを前中心
まで縫い、縫い代
に切込みを入れる

1

前中心

前身頃見返し
（裏）

前身頃見返し
（裏）

1

1

⑤見返しのみ
余分を切る

7 衿を作る

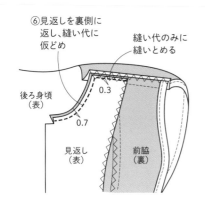

⑥見返しを裏側に返し、縫い代に仮どめ

縫い代のみに縫いとめる

後ろ身頃（表）

0.3

0.7

見返し（表）

前脇（裏）

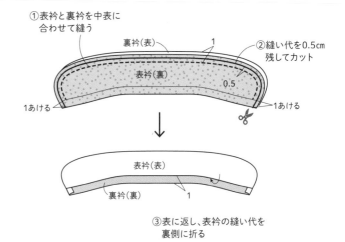

①表衿と裏衿を中表に合わせて縫う

裏衿（表）　1

②縫い代を0.5cm残してカット

表衿（裏）　0.5

1あける

1あける

表衿（表）

裏衿（裏）　1

③表に返し、表衿の縫い代を裏側に折る

8 衿をつける

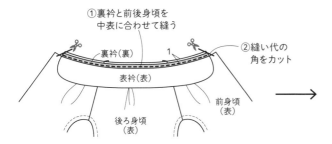

①裏衿と前後身頃を中表に合わせて縫う

裏衿（裏）　1

②縫い代の角をカット

表衿（表）

後ろ身頃（表）

前身頃（表）

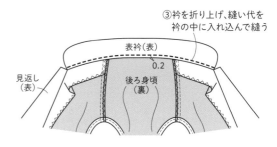

③衿を折り上げ、縫い代を衿の中に入れ込んで縫う

表衿（表）

0.2

見返し（表）

後ろ身頃（裏）

9 裾を三つ折りにして縫う

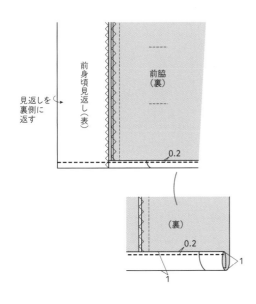

前身頃見返し（表）

見返しを裏側に返す

前脇（裏）

0.2

（裏）

0.2

1

1

10 前身頃のボタンつけ位置にプラスチックスナップをつける

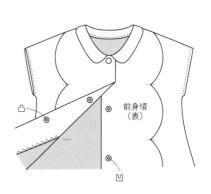

前身頃（表）

三角セーラートップス、三角セーラーワンピース

photo / トップス ➞ page. 19, 22　ワンピース ➞ page. 25　実物大パターンD面

● 材料
※左から100/110/120/130/140cm。指定以外は共通

布：

ワンピース
　生地の森　綿麻ダンプダメージダイド/ベージュ
　…140cm幅110/120/120/130/140cm
　綿麻（赤）…110cm幅20cm

トップス
　CHECK&STRIPE　やさしいリネン/黒
　…120cm幅100/110/110/120/130cm

接着芯（薄手）…90cm幅40cm
直径1.3cmのボタン…1個
（トップスのみ）幅1cmのリネンテープ…70cm

● 出来上り寸法　※単位はcm

サイズ	100	110	120	130	140
胸囲	83	87	91	95	99
ワンピース着丈	51.5	57.5	63.5	69.5	77.5
トップス着丈	37.5	40.5	43.5	46.5	50.5

● 裁合せ図
※上から100/110/120/130/140cm。指定以外は共通
・指定以外の縫い代は1cm
・▨ 表衿、見返し持出し、前袖ぐり見返し、後ろ袖ぐり見返しの
　裏側に接着芯をはる
・〰 見返し持出しの3辺、（ワンピースのみ）ポケットの3辺に
　ジグザグミシンをかける

ワンピース
（ベージュ）

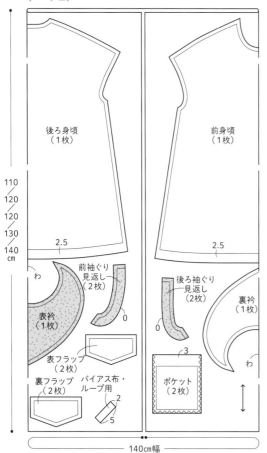

ワンピース（赤）

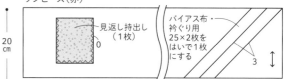

トップス

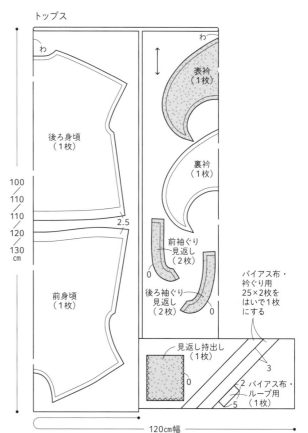

● 作り方順序（ワンピース）

1　ポケットとフラップを作り、つける
2　ループを作り、仮どめする
3　前身頃にあきを作る　→P.32参照
4　肩を縫う　→P.77・1参照
5　衿を作る　→P.39・3参照
6　衿をつける
7　前あきを始末する
8　袖ぐりを見返しで始末する
9　脇を縫う　→P.77・5参照
10　裾を三つ折りにして縫う　→P.77・6参照
11　前身頃のボタンつけ位置にボタンをつける
　　→P.32参照

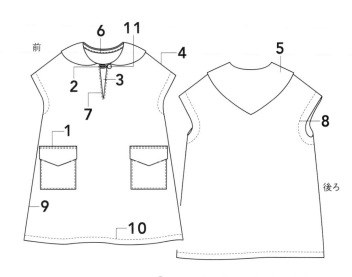

前
後ろ

1 ポケットとフラップを作り、つける

①ポケットを作る
　→P.46・1参照

②フラップを中表に
　合わせて縫う

③縫い代の角を
　カットして表に返す

フラップ
（裏）

フラップ
（表）

前身頃
（表）

⑤前身頃のフラップ
　つけ位置にフラップ
　を縫いとめる

⑥縫い代を0.5cm
　残してカット

⑦縫い目にそって折り下げ
　ステッチをかける

フラップ
つけ位置

フラップ
（表）

フラップ
（表）

フラップ
（表）

ポケット
（表）

ポケット
（表）

ポケット
（表）

④前身頃のポケット
　つけ位置にポケットを
　縫いとめる

2 ループを作り、仮どめする

①ループを作る
　→P.31参照

②ループを
　仮どめ

前身頃
（表）

ループ

前中心

ボタンの直径
＋厚み

ループ

前中心

6 衿をつける

①衿を身頃と衿ぐり用バイアス布で
　はさんで縫う
　→P.79「バイアス布のつけ方 a」参照

衿ぐり用
バイアス布
（裏）

表衿
（表）

見返し
持出し
（裏）

前身頃
（表）

②縫い代を0.5cm
　残してカット

衿つけ
止り

衿ぐり用
バイアス布
（裏）

衿ぐり用
バイアス布
（裏）

衿つけ
止り

表衿（表）

1重ねる

1重ねる

表衿（表）

右前身頃
（表）

左前身頃
（表）

見返し持出し
（裏）

見返し持出し
（裏）

③見返し持出しと
　バイアス布を
　裏側に倒して縫う

表衿（表）

衿ぐり用バイアス布
（表）

表衿（表）

見返し
持出し
（表）

右前身頃
（裏）

左前身頃
（裏）

見返し
持出し
（表）

7 前あきを始末する
→P.32参照

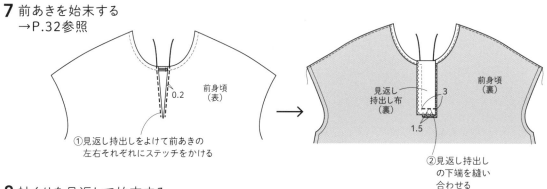

①見返し持出しをよけて前あきの
左右それぞれにステッチをかける

0.2

前身頃
（表）

見返し
持出し布
（裏）

3

1.5

②見返し持出し
の下端を縫い
合わせる

前身頃
（裏）

8 袖ぐりを見返しで始末する

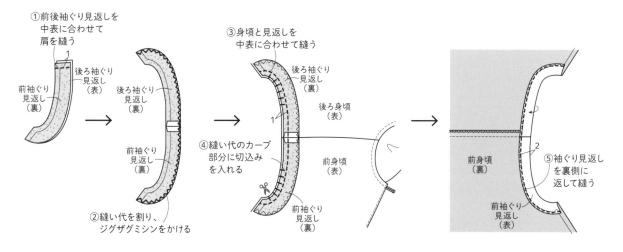

①前後袖ぐり見返しを
中表に合わせて
肩を縫う

前袖ぐり
見返し
（裏）

後ろ袖ぐり
見返し
（表）

後ろ袖ぐり
見返し
（裏）

前袖ぐり
見返し
（裏）

②縫い代を割り、
ジグザグミシンをかける

③身頃と見返しを
中表に合わせて縫う

後ろ袖ぐり
見返し
（裏）

後ろ身頃
（表）

前身頃
（表）

④縫い代のカーブ
部分に切込み
を入れる

前袖ぐり
見返し
（裏）

前身頃
（裏）

後ろ袖ぐり
見返し
（裏）

⑤袖ぐり見返し
を裏側に
返して縫う

前袖ぐり
見返し
（表）

● 作り方順序（トップス）
1 ループを作り、つける →P.69・**2**参照
2 前身頃にあきを作る →P.32参照
3 肩を縫う →P.77・**1**参照
4 衿を作る
5 衿をつける →P.69・**6**参照

6 前あきを始末する →上記**7**参照
7 袖ぐりを見返しで始末する →上記・**8**参照
8 脇を縫う →P.77・**5**参照
9 裾を三つ折りにして縫う →P.77・**6**参照
10 前身頃のボタンつけ位置にボタンをつける →P.32参照

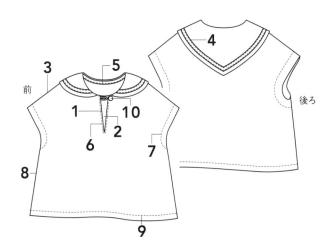

前

3

5

1

10

2

6

7

8

9

4

後ろ

4 衿を作る

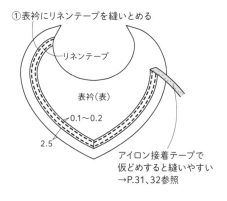

①表衿にリネンテープを縫いとめる

リネンテープ

表衿（表）

0.1～0.2

2.5

アイロン接着テープで
仮どめすると縫いやすい
→P.31、32参照

②表衿と裏衿を中表に合わせて縫い、表に返す
→P.39・**3**参照

フレアギャザースカート

photo / page. 23　実物大パターンA面

● 材料

※左から100/110/120/130/140cm。指定以外は共通
布：APUHOUSE FABRIC　洗いをかけた40/1番手 綾織
フレンチリネン オーバーダイド ウォッシュ/
グレーカーキ…110cm幅80/90/90/100/100cm
チャコール…110cm幅60/70/70/80/80cm
幅1.2cmの平ゴム…42/44/46/48/50cmを 2 本

● 出来上り寸法　※単位はcm

サイズ	100	110	120	130	140
胴囲	65	69	73	77	81
スカート丈	34	37	40	43	48

● 作り方順序

1　前後スカートと前後裾の脇をそれぞれ縫う
2　前後スカートと前後裾を縫い合わせる
3　ベルトを作り、つける
4　ベルトに平ゴムを通す
5　裾を三つ折りにして縫う

● 裁合せ図

※上から100/110/120/130/140cm。指定以外は共通
・指定以外の縫い代は1cm

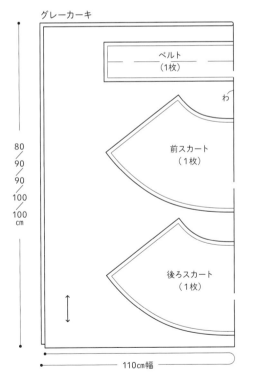

グレーカーキ

ベルト
（1枚）

わ

前スカート
（1枚）

後ろスカート
（1枚）

80
/
90
/
90
/
100
/
100
cm

110cm幅

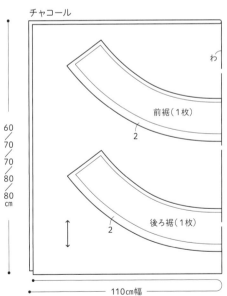

チャコール

わ

前裾（1枚）
2

後ろ裾（1枚）
2

60
/
70
/
70
/
80
/
80
cm

110cm幅

1 前後スカートと前後裾の脇をそれぞれ縫う

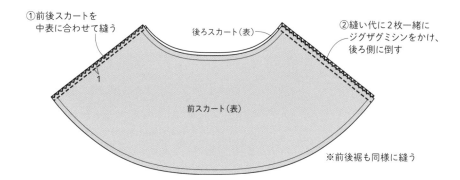

①前後スカートを
中表に合わせて縫う

後ろスカート（表）

②縫い代に2枚一緒に
ジグザグミシンをかけ、
後ろ側に倒す

前スカート（表）

※前後裾も同様に縫う

2 前後スカートと前後裾を縫い合わせる

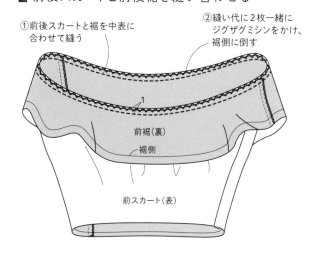

①前後スカートと裾を中表に
合わせて縫う

②縫い代に2枚一緒に
ジグザグミシンをかけ、
裾側に倒す

前裾（裏）

裾側

前スカート（表）

3 ベルトを作り、つける

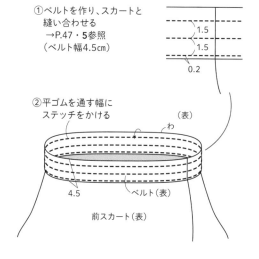

①ベルトを作り、スカートと
縫い合わせる
→P.47・**5**参照
（ベルト幅4.5cm）

1.5

1.5

0.2

②平ゴムを通す幅に
ステッチをかける

（表）

わ

4.5

ベルト（表）

前スカート（表）

4 ベルトに平ゴムを通す
→P.47・**6**参照

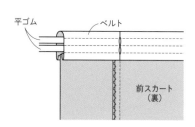

平ゴム

ベルト

前スカート
（裏）

5 裾を三つ折りにして縫う

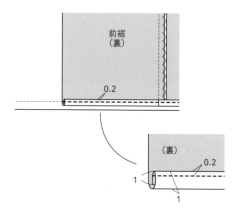

前裾
（裏）

0.2

（裏）

0.2

1

1

フードプルオーバー

photo / page. 24　実物大パターンD面

● 材料
※左から100/110/120/130/140cm。指定以外は共通
布：APUHOUSE FABRIC　洗いをかけた先染め リネン
シャンブレー 天日干し/ブラック
…110cm幅130/140//150/160/170cm
接着芯（薄手）…90cm幅40cm
幅1.2cmの両折バイアステープ…90cm

● 出来上り寸法　※単位はcm

サイズ	100	110	120	130	140
胸囲	77	81	85	89	93
着丈	37	40	43	46	50

● 作り方順序
1　ポケットを作り、つける
2　ひもを作り、仮どめする
3　前身頃に見返しをつける
4　肩を縫う　→P.77・1参照
5　フードを作る
6　フードをつける
7　袖をつける
8　袖下〜脇を縫う
9　袖口を三つ折りにして縫う
10　裾を三つ折りにして縫う　→P.77・6参照
11　スリットにステッチをかける

● 裁合せ図
※上から100/110/120/130/140cm
・指定以外の縫い代は1cm
・▨ フードの見返し部分、見返しの裏側に接着芯をはる
・〜〜〜 ポケットの4辺にジグザグミシンをかける

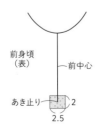

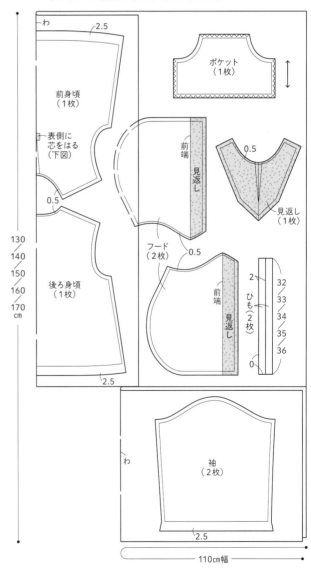

ー 前身頃にはる接着芯の寸法と位置 ー

前身頃
（表）
前中心
あき止り
2
2.5

1 ポケットを作り、つける

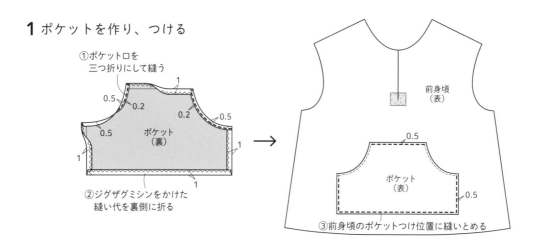

①ポケット口を
三つ折りにして縫う

0.5

0.2

0.2

0.5

0.5

ポケット
（裏）

1

1

1

②ジグザグミシンをかけた
縫い代を裏側に折る

前身頃
（表）

0.5

ポケット
（表）

0.5

③前身頃のポケットつけ位置に縫いとめる

2 ひもを作り、仮どめする

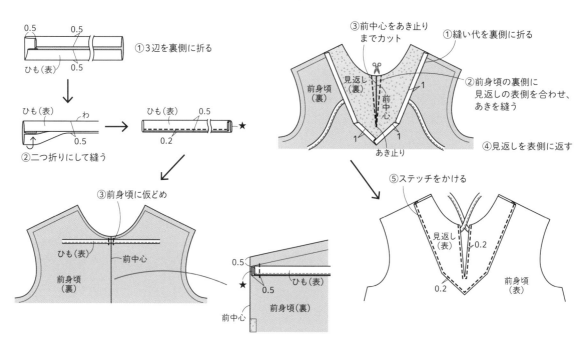

0.5   0.5

ひも（表）

0.5

①3辺を裏側に折る

ひも（表）   わ

0.5

②二つ折りにして縫う

ひも（表）   0.5

0.2   ★

③前身頃に仮どめ

ひも（表）   前中心

前身頃
（裏）

0.5

★   0.5   ひも（表）

前身頃（裏）

前中心

3 前身頃に見返しをつける

③前中心をあき止り
までカット

①縫い代を裏側に折る

前身頃
（裏）

見返し
（裏）

前中心

1

1   1

あき止り

②前身頃の裏側に
見返しの表側を合わせ、
あきを縫う

④見返しを表側に返す

⑤ステッチをかける

見返し
（表）

0.2

0.2

0.2

前身頃
（表）

5 フードを作る

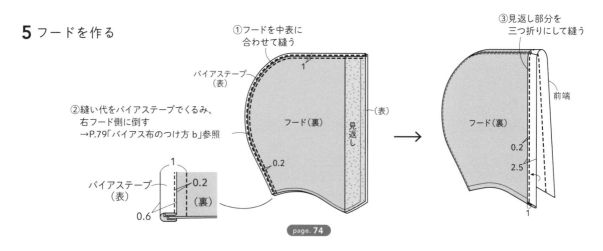

①フードを中表に
合わせて縫う

③見返し部分を
三つ折りにして縫う

バイアステープ
（表）

1

②縫い代をバイアステープでくるみ、
右フード側に倒す
→P.79「バイアス布のつけ方 b」参照

フード（裏）

見返し

（表）

0.2

バイアステープ
（表）

1

0.2

（裏）

0.6

フード（裏）

前端

0.2

2.5

1

6 フードをつける

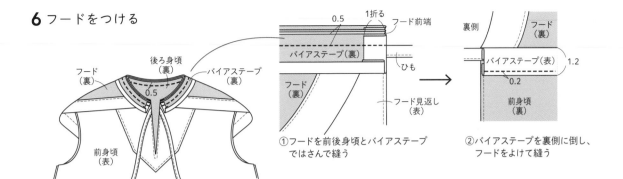

フード（裏）
後ろ身頃（裏）
0.5
バイアステープ（裏）
前身頃（表）

0.5
1折る
フード前端
バイアステープ（裏）
ひも
フード（裏）
フード見返し（表）

①フードを前後身頃とバイアステープではさんで縫う

裏側
フード（裏）
バイアステープ（表）　1.2
0.2
前身頃（裏）

②バイアステープを裏側に倒し、フードをよけて縫う

7 袖をつける

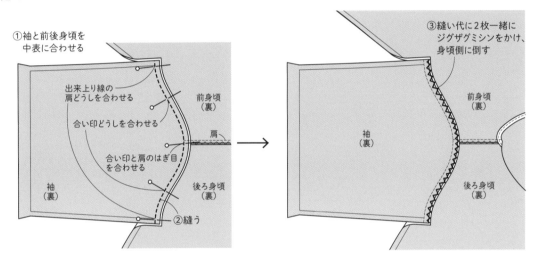

①袖と前後身頃を中表に合わせる
出来上り線の肩どうしを合わせる
合い印どうしを合わせる
合い印と肩のはぎ目を合わせる
前身頃（裏）
肩
袖（裏）
後ろ身頃（裏）
②縫う

③縫い代に2枚一緒にジグザグミシンをかけ、身頃側に倒す
袖（裏）
前身頃（裏）
後ろ身頃（裏）

8 袖下〜脇を縫う

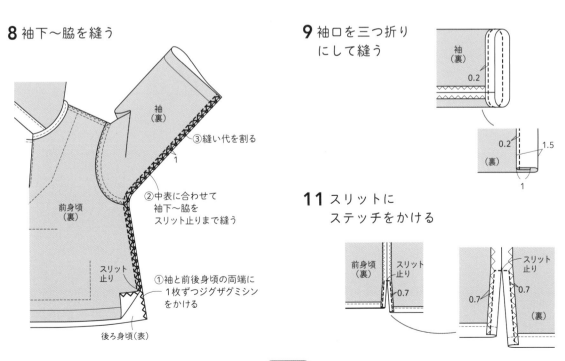

袖（裏）
③縫い代を割る
1
②中表に合わせて袖下〜脇をスリット止りまで縫う
前身頃（裏）
スリット止り
①袖と前後身頃の両端に1枚ずつジグザグミシンをかける
後ろ身頃（表）

9 袖口を三つ折りにして縫う

袖（裏）
0.2

0.2　1.5
1
（裏）

11 スリットにステッチをかける

前身頃（裏）
スリット止り
0.7

スリット止り
0.7　0.7
（裏）

ケープカラートップス

photo / page. 28　実物大パターンD面

● 材料

※左から100/110/120/130/140cm。指定以外は共通
布：APUHOUSE FABRIC　洗いをかけた60/1番手 ベルギー
リネンローン ナチュラルダイド 加工/墨黒
…110cm幅170/170/170/200/210cm
直径1.3cmのボタン…1個

● 出来上り寸法　※単位はcm

サイズ	100	110	120	130	140
胸囲	67	71	75	79	83
着丈	36	39	42	45	49

● 作り方順序

1　肩を縫う
2　後ろ身頃を縫い合わせ、あきを作る
3　衿を作り、つける
4　袖ぐりをバイアス布でくるむ
5　脇を縫う
6　裾を三つ折りにして縫う

● 裁合せ図

※上から100/110/120/130/140cm。指定以外は共通
・指定以外の縫い代は1cm
・〜〜〜後ろ身頃の後ろ中心側にジグザグミシンをかける

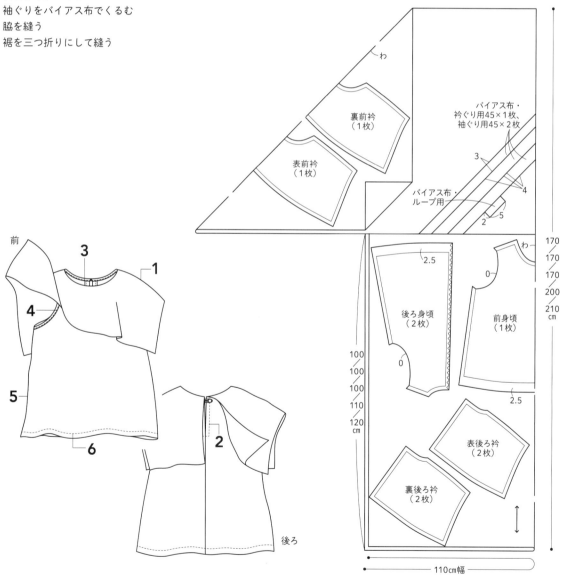

1 肩を縫う

②縫い代に2枚一緒に
ジグザグミシンをかけ、
後ろ側に倒す

後ろ身頃
(表)

1

①前後身頃を中表に
合わせて縫う

前身頃
(裏)

2 後ろ身頃を縫い合わせ、あきを作る

(表)

あき止り

後ろ身頃
(裏)

1

①後ろ身頃を中表に
合わせ、あき止り
より下を縫う

④後ろ身頃に
ループを仮どめ

③ループを作る
→P.31参照

ループ

1

0.5

ボタンの
直径+ボタンの厚み

⑤あきを縫う

ループ

0.7   0.7

あき止り

②縫い代を割る

左後ろ身頃
(裏)

3 衿を作り、つける

①表裏それぞれ前後衿を中表に
合わせて肩を縫う

1

衿ぐり側の
縫い代は
縫わない

後ろ衿
(裏)

前衿
(表)

(表)

②縫い代を割る

③衿2枚を中表に
合わせて縫う

前衿
(裏)

後ろ端

後ろ衿
(裏)

後ろ衿
(裏)

1

④縫い代の角を
カットして
表に返す

⑥縫い代を0.5cm残して
カットし、切込みを入れる

0.5

衿ぐり用
バイアス布
(裏)

1

1折る

衿ぐり用
バイアス布
(裏)

前衿
(表)

後ろ衿
(表)

⑤衿を身頃と
衿ぐり用バイアス布で
はさんで縫う
→P.79「バイアス布のつけ方 a」参照

後ろ身頃
(表)

バイアス布
(表)

0.2

⑦バイアス布を
裏側に倒して縫う

後ろ身頃
(裏)

4 袖ぐりをバイアス布でくるむ
→P.79「バイアス布のつけ方 b」参照

前身頃
(表)

1

袖ぐり用
バイアス布
(表)

1

後ろ身頃
(表)

0.2

5 脇を縫う

後ろ身頃
(表)

①前後身頃を中表に
合わせて縫う

前身頃
(裏)

②縫い代に2枚一緒に
ジグザグミシンをかけ、
後ろ身頃に倒す

6 裾を三つ折り
にして縫う

(裏)

0.2

1   1.5

0.2

○ パターンの作り方

1 実物大パターンを写す

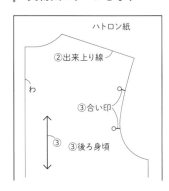

①実物大パターンの写し取る線をマーカーなどでなぞっておく
②ハトロン紙などの透ける紙をパターンの上にのせ、定規を使って正確に写す（出来上り線になる）
③布目線とパーツ名、合い印などを写す

2 縫い代をつけてカットする

①裁合せ図に記した縫い代寸法を確認して、写した出来上り線の外側に平行に線を引く（縫い代線になる）
②縫い代の端まで合い印の線をのばす
③縫い代にそってカットする

―角の縫い代のつけ方―

縫い代幅の広い「袖口」や「パンツの裾」は、布が足りなくならないように、出来上りの状態と同じように折って縫い代をつける。

裾または袖口ので出来上り線で折り、両脇の縫い代線にそってカットする。

○ 布の下準備

コットンやリネンは、洗濯すると縮むものもあるので、布は用尺よりも多めに用意し、裁断前に必ず水通しと地直しをする。

―水通し・地直しのしかた―

1 布を1時間ほど水に浸けてから、洗濯機で軽く脱水する。

2 布目を整えてから、生乾き程度まで陰干しをする。

3 縦横の布目が直角になるように布目を整えながら、布の裏側からアイロンをかける。

○ 接着芯のはり方

粗裁ちした布の裏側に接着芯ののりがついた面を合わせ、当て布をしてアイロンをかける。

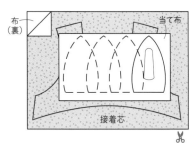

アイロンはすきまができないようにずらしながら、5〜6秒ずつ上から押さえるように

○ タックのたたみ方

斜線の高いほうから低いほうに向かって倒し、2本の縦線を重ねてひだを作る。

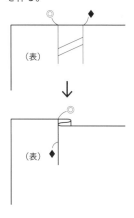

○ ギャザーの寄せ方

縫い代に粗い針目で2本ミシンをかけ、下糸2本を一緒に引いてギャザーを均等に寄せる。

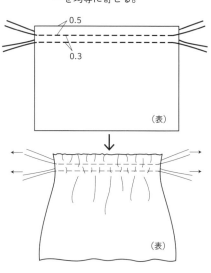

○ バイアス布の作り方

①布目に対して45°で線を引き、その線と平行に線を引いてカットする

②❶を直角になるように中表に重ね、布端がきっちり合う位置を縫う

③縫い代をアイロンで割り、はみ出た部分をカットする

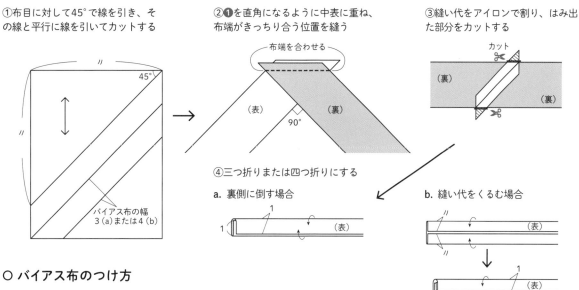

④三つ折りまたは四つ折りにする

a. 裏側に倒す場合

b. 縫い代をくるむ場合

○ バイアス布のつけ方

a 裏側に倒す場合

②カーブ部分に切込みを入れる

④縫い目にそってアイロンで起こす

⑤裏側に倒して縫う

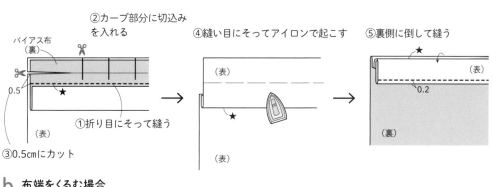

①折り目にそって縫う

③0.5cmにカット

b 布端をくるむ場合

①折り目にそって縫う

②縫い目にそってアイロンで起こす

③縫い代をくるんで縫う

①の縫い目を隠すようにかぶせる

○ ボタンホールの印つけ

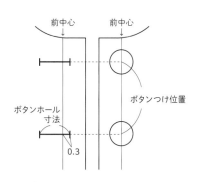

ボタンホールの寸法＝
ボタンの直径＋ボタンの厚み

○ スナップのつけ方

上前に凸、下前に凹をつける

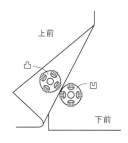

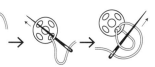

①玉結びをし、表側から布をすくい、スナップの穴に通す

②布をすくい、スナップの穴に糸を通す
＊ボタンつけ位置とスナップの中心を合わせる

③輪に針を通して糸を引く
＊1つの穴に②、③を3～5回ずつ繰り返す

④スナップの穴の際で玉止めをする

⑤玉止めと同じ位置に針を入れ、スナップの向う側から針を出して糸を引き、玉止めを布の裏側に引き込む。糸の余分をカットする

portu 栗原あや
Aya Kurihara

文化服装学院・服飾専攻科オートクチュール専攻卒業。劇団四季の衣裳部に所属し、舞台衣装の製作、管理などを担当。現在では衣装アトリエで縫製の仕事をする傍ら、portuの屋号で子ども服を製作。男の子、女の子2人の子育てをしながら、親子が楽しい気持ちになる洋服を提案している。portu(ポルトゥ)とは、国際共通語であるエスペラント語で「身に着けよう」という意味。ボーダーレスな服作りをポリシーにしている。
HP：https://portu.stores.jp/
IG ：https://www.instagram.com/portu_wear

〈布地提供〉
＊掲載の布地は、時期によっては、完売もしくは売切れになる場合があります。ご了承くださいますようお願いいたします。

● 生地の森
tel. 053-464-8282　https://www.kijinomori.com/
P.06A,C、P.07B、P.17J、P.19K、P.15I、P.25M、

● APUHOUSE FABRIC
tel. 075-643-8557
https://www.rakuten.co.jp/apuhouse/
P.8D、P.10F、P.13H、P.23N、P.24O、P.28P

● CHECK&STRIPE
http://checkandstripe.com
P.11F、P.20L、P.22M

● sewing supporter Rick Rack
tel.03-3480-0434　https://rick-rack.com/
P.16J

〈撮影協力〉
● スタジオ　バスティーユ
tel. 03-5793-5770
● AWABEES
tel. 03-5786-1600

〈 staff 〉

ブックデザイン	三上祥子（Vaa）
撮影	北村圭介
スタイリング	前田かおり
ヘアメーク	上川タカエ
モデル	サユリ・E
	サオダット・A
	ジョセフ・C
	ナツキ・E
	ルナ・H
パターングレーディング	上野和博
作り方解説	小野奈央子
デジタルトレース	八文字則子
プロセス撮影	福田典史（文化出版局）
英字校正	Noriko Hisamatsu
校閲	向井雅子
編集	加藤風花（文化出版局）

かわいいかたちの子ども服

2021年7月19日　第1刷発行

著　者	栗原あや
発行者	濱田勝宏
発行所	学校法人文化学園 文化出版局
	〒151-8524　東京都渋谷区代々木 3 -22- 1
	電話　03-3299-2488（編集）
	03-3299-2540（営業）
印刷・製本所	株式会社文化カラー印刷